<u>Todos Venden.</u>

Escapa De La Mediocridad, Cierra Todas Tus Ventas y Vive Una Vida Épica.

Escrito por Cris Urzua.

www.crisurzua.com

www.mindsetandskills.com

www.sellingthroughservice.com

#TodosVenden

AGRADECIMIENTOS.

La gratitud no es un *"gracias"* ligero o un *"te lo agradezco"* al que te ayuda ocasionalmente sí no, el camino más noble para vivir la vida.

Gracias a mis padres por venderme las ideas y sueños que me formaron tal como soy, a mi hermano por dar seguimiento al niño dentro de mí y a Laura, mi novia, por permitirme venderme a diario como el mejor compañero de vida.

Gracias a mis clientes por su confianza y promoción y gracias al Internet por permitirme tocar las puertas de 100,000 personas en 36 horas y empezar una nueva vida enseñando lo que se hacer mejor:

Vender.

Y gracias a mí por ser un obsesivo.

Los amo a todos.

Cris Urzua.

Índice

Fase 3: El Mindset de tu Cliente
(Entiende su mente y cierra la venta).

¡ADVERTENCIA!

¡ALTO!

Esta es la parte más importante de este libro.

Si no lees cuidadosamente esta explicación, te arriesgas a no entender una gota del contenido y no puedo permitirte eso. No puedo permitir que desperdicies el recurso no renovable más valioso que tienes: **¡Tu tiempo!**

El siguiente libro no es solamente un libro para "*aprender a vender*", no es solamente una "*guía*" o un "*manual*", el siguiente libro tampoco son solo "*tips*" y "*estrategias*" para manipular a la gente y hacer que hagan lo que tu voz mande…

¡NO! No es eso nada más.

El siguiente libro es una explicación de la vida.

Una explicación retorcida y eficaz de la aventura que es vivir la vida de un vendedor. La vida de alguien que reconoce el poder de su voz y su existencia. De un neurótico que se atreve a tomar control de su barco y que a diario se apuesta a si mismo que logrará obtener los resultados que desea.

Este libro busca alterar tu filosofía de vida. Este libro busca destruir las cuatro paredes de tu pensamiento y exponerte al increíble potencial que tiene un ser humano libre de excusas, libre de creencias falsas y libre de las mentiras de su propia mente.

Este libro es un tributo a todos los que hacemos la economía de nuestro país girar. A los que nos despertamos a las 4 de la mañana a exprimirle 3 horas más al día. A los que nos vemos al espejo y obtenemos toda la motivación que necesitamos para volvernos a levantar después de cien caídas.

Este libro va para todos los que abrazamos el vender como algo tan indispensable como respirar.

Este libro es para todos los que filtramos NOs y construimos SIs.

Este libro es la nueva biblia de tu economía.

Este libro es el reflejo de cada uno de nosotros.

Ahora, con el único objetivo de ahorrarte tiempo y encaminarte en la dirección correcta, también te tengo que dejar muy en claro para quienes NO es este libro.

Este libro NO es para:

- Gente que busca hacerse millonario en 5 minutos trabajando desde casa.

- Gente que cree que mentir es parte del proceso de una venta.

- Gente que cree que ya lo tiene y lo sabe todo.

- Gente que no cree que valga la pena invertir tiempo y dinero en su crecimiento.

- Gente cuya idea de un fin de semana excelente es ver "Laura en América".

- Y en definitiva, este libro NO es para la gente que solo lo va a leer.

Este libro es para la gente que va a tomar acción.

¡Recuerda que el conocimiento es solo poder en potencia!

¡Es el conocimiento en combinación con acción constante que da el verdadero poder!

Por ende, no desperdicies tu tiempo leyendo este libro si no planeas aplicar una gota de lo que leerás. No desperdicies tu tiempo por favor. Este libro te emocionará mucho por unos instantes pero si no aplicas nada caerás de regreso en ese pequeño ciclo de auto-sabotaje y excusas sobre por que no tienes la vida que deseas.

No desperdicies tu tiempo, regresa a tu rutina y sigue haciendo lo que has hecho hasta hoy.

<u>Es muy fácil tener una vida promedio.</u>

<u>Es difícil vender y negociar la vida que uno se merece.</u>

Nos vemos del otro lado,

Cris Urzua.

LA COLUMNA VERTEBRAL DE ESTE LIBRO.

"Una onza de acción vale lo que una tonelada de teoría"
- *Ralph Waldo Emerson.*

¡Que bueno que sigues aquí! Si todavía estas emocionado con la idea de tomar acción y leer este libro para aprender a vender como un maestro, te necesito explicar la estructura y las instrucciones que deberás de seguir para maximizar tu aprendizaje.

La columna vertebral de este libro es el: TOMAR ACCIÓN.

Cada capítulo esta cuidadosamente diseñado para motivarte a tomar acción, de nada sirve leer todo el increíble contenido si no practicas nada, si no te motivas a de verdad llevarlo a la práctica. ¡No tengas miedo en rayar este libro, doblar páginas, escribir en el y destrozarlo!

Para ayudarte en este camino y darte ese empujón necesario para que al acabar este libro seas un vendedor totalmente diferente, encontraras al final (o en medio) de cada capitulo dos secciones:

1) RECAP.
2) ACCIÓN.

Dentro de **RECAP** tendrás la *carne Kobe* de todo el capítulo, es decir, los puntos más importantes 100% resumidos para una fácil digestión. Este es el contenido que quieres enviar por Twitter, Facebook y todas tus redes sociales para empezar a salir del closet de los vendedores y posicionarte como un experto en el tema. Esto es lo jugoso de cada capítulo. ¡No olvides taggearme e incluir el hashtag **#TodosVenden** para que te vea toda nuestra comunidad!

Dentro de **ACCIÓN** encontraras un ejercicio obligatorio si lo que te importa es crecer como vendedor. Si no haces estos ejercicios mejor avienta el libro por la ventana y nunca lo vuelvas a abrir. Son sencillos, fáciles y divertidos. Algunos son incómodos, te darán miedo y te harán preguntarte cosas que desconoces.

Pero todos, todos te ayudarán a crecer como persona y como vendedor.

En algunos capítulos encontrarás una sección llamada **GOODIES**, que es básicamente una sección con pequeños regalos que tengo para ti.

Todos los GOODIES son herramientas en línea, sin costo alguno, que podrás descargar para apoyarte durante el curso del libro.

¡Ahora si!

Acomódate la corbata, ajústate el saco y prepárate para tomar acción.

FASE #1: LA INTRODUCCIÓN AL CAOS.

¿Tienes lo que se necesita para vender?

CAPÍTULO 1

Realidad Capital y Realidad Base: Tu Red de Seguridad.

"Este mundo que hemos creado es un reflejo del ego colectivo de nuestra sociedad y nosotros no somos nuestro ego, somos la conciencia que lo escucha hablar"
- Eckhart Tolle.

Cuando nacemos nadie nos da a elegir, en si, por que ya no hay forma de elegir. Nuestros padres no eligieron, ni nuestros abuelos, ni sus abuelos… Mucho menos íbamos a poder elegir nosotros.

Pero es importante que sepamos la realidad de las cosas antes de empezar nuestro viaje hacia convertirnos en un vendedor de verdad.

Existen dos mundos, dos realidades por decirlo de alguna manera.

La que hemos creado en base a la voluntad humana y la que existe independiente a nuestra voluntad.

Una realidad define nuestros mayores objetivos en la vida como respirar, alimentarnos, reproducirnos y sobrevivir. Son objetivos que independientes a nuestra voluntad son necesarios y son los bloques más básicos de nuestra existencia.

Ejemplo: ¿Tengo hambre? ¡Cómo! , ¿Tengo sueño? ¡Duermo!

La otra, define nuestros objetivos como hacer un millón de dólares antes de los 30, manejar un Bentley, tener el abdomen marcado y pagar cenas de $1,000 dólares por cabeza de 25 tiempos (y vinos).

Son dos ecosistemas interdependientes pero muy distintos.

A partir de hoy hablaremos de la realidad que ha creado la voluntad humana como **"La Realidad Capital"** y hablaremos de la realidad independiente a nuestra voluntad como **"La Realidad Base"**.

¿Y a qué voy con todo esto?

A que un vendedor necesita entender, necesita abrazar el hecho de que nuestra *"Realidad Capital"* no es la fuente de la felicidad.

¿Triste? Si, lo lamento, tu felicidad no depende de tener 3 billones de dólares, no depende del auto que manejes o el tamaño de tus bíceps. Tu felicidad depende de ti, de tu perspectiva ante la vida y de tu habilidad para asignar valor a los bloques más básicos de nuestra existencia.

¡Creer que manejar un Bentley te hará feliz eternamente es una ilusión y enfermedad que los mismos vendedores hemos causado en la humanidad!

Como vendedores hemos programado al mundo para pensar que la *"Realidad Capital"* es la única que importa. A través de comerciales, espectaculares, anuncios, testimonios, patrocinios, pruebas, productos gratis, promociones y bla, bla, bla.

Pero como dicen en el bajo mundo de las drogas:

"Un excelente narcotraficante nunca se vuelve adicto a su producto".

Y eso es exactamente lo que tienes que saber hacer.

Tienes que saber distinguir que tu felicidad no depende del dinero, ¡Pero que el dinero no incómoda en lo absoluto!

¡Un vendedor que acepta esto tiene todo a su favor! ¡Aceptar esto te da una red de seguridad en la cual caer y rebotar sin ningún problema!

Y no crean por un solo segundo que aceptar esto o instalar esta "red de seguridad" baja la motivación de un gran vendedor.

Todo está en juego.

Para tener éxito en ambas realidades, en ambos mundos, necesitas dinero. Para conseguir dinero necesitas saber vender y el que sabe vender se sale con la suya.

Y espera, antes de que lo pienses, no estoy loco y no soy un hippie, todo lo contrario.

Odio la mentalidad hippie y soy el primero en admitir que amo el dinero. El dinero me ha dado regalos enormes en la vida; la posibilidad de tener control, seguridad, abundancia y la posibilidad ayudar al mundo a mi manera.

Pero saber la realidad de estos dos mundos y abrazarla, me ha hecho darme cuenta de que si mañana estoy en bancarrota y tengo 10 pesos a mi nombre… Todo está bien, por que yo estoy bien.

Y en vez de asustarme, estresarme y caer en una espiral de auto-odio, stress y desesperación rodeado de drogas y prostitutas al estilo *Jordan Belfort (Lobo de Wall Street)*, se que lo único que tengo enfrente es otra oportunidad para probarme a mi mismo que soy bueno en esto.

Así que cuando inviertas en Wall Street y pierdas tu primer millón de dólares, regresa a este capítulo, léelo de nuevo, recuerda que todo esta bien y sigue llorando por que aun así te va a doler.

Así es este juego.

RECAP:

- La "Realidad Capital" se apega a la voluntad humana, a la "Realidad Base" no le importa si quieres o no, ¡La necesitas para vivir!

- Si los grandes narcotraficantes no son adictos a su producto, los grandes vendedores tampoco lo deberían ser.

- La felicidad proviene de tu perspectiva y de la manera en como asignas valor a los diferentes elementos de tu vida. No de que tu cuenta de banco parezca numero de teléfono (¡Aunque esto no incomoda a nadie!).

- Instala tu red de seguridad y prepárate por que todo esta en juego. ¡A vender!

ACCIÓN:

- Define el costo de tu Realidad Base.

  Utiliza el formato de la sección de GOODIES o en un papel dibuja dos columnas, una nómbrala "CONCEPTO" y la otra "DINERO".

  Después de esto enlista bajo "CONCEPTO" todas las cosas que necesitas tener para sobrevivir. No para tener una vida de lujo, ni shopping sprees en Miami, ni el cine el fin de semana. Solamente escribe lo más básico de tu existencia; renta (hipoteca), luz, agua, gas, comida, transporte, educación, ropa (sencilla, no Hugo Boss).

  El objetivo de este ejercicio es que identifiques cual es tu ingreso mínimo viable y que de esta forma sepas cuanto es el mínimo que necesitas ganar por mes para que tu "Realidad Base" no este en peligro.

GOODIES:

- Descarga tu calculadora de Realidad Base y Realidad Capital aquí:
  http://www.urzua.mx/calculadora/

  Nota: Todavía no definas tu "Realidad Capital", eso lo haremos en el capítulo 5 después de haber filtrado y ubicado tu verdadera definición de éxito.

CAPÍTULO 2

Tu Relación con el Dinero.

"No se cómo ni por que, pero el dinero siempre ha llegado a mi fácilmente."
- Un vendedor en la primera sala de ventas en la que trabaje, nombre desconocido.

Ahora que ya sabes que tu felicidad debe de ser totalmente independiente a tus ganas de ser más rico que Carlos Slim, tienes que definir cual es tu "mindset" (mentalidad o perspectiva) en cuanto al dinero.

De alguna forma llegaste a ser adulto y a través de los años, tu mente creció recogiendo información de la periferia. Recogiendo actitudes, comentarios, acciones, hechos y situaciones que pasaban a tu alrededor. Experiencias que no tenias manera de saber si eran ciertas, falsas, positivas o destructivas, para ti simplemente era *"lo normal"*.

Fuiste juntando lecciones en tu cabeza de todo lo que te rodea hasta crear una visión de la vida. Adoptaste creencias y opiniones del mundo en base a información que bien podría estar muy equivocada. Y fueron todas estas opiniones las que se volvieron tu personalidad y tu manera de interactuar con el planeta.

Ahora, hablemos de dinero.

Probablemente tu primera impresión del dinero fue cuando de pequeño veías que algún amiguito salía a de vacaciones seguido con su familia, siempre tenia los juguetes más nuevos y el mayor presupuesto para la hora del lunch. Y luego veías a otro compañero que lo venían a dejar en un auto antiguo y oxidado y que usaba uniformes de segunda mano.

Sabias que algo era distinto pero no sabias exactamente que, no estabas enterado de la importancia del dinero en la supervivencia del ser humano.

Ahora, si a la hora de hablar del tema, en tu casa las experiencias y situaciones reflejaban al dinero como causa de conflicto, escasez y negatividad, puede que tus sentimientos hacia tu compañero adinerado fueran de envidia, enojo o resentimiento. En cambio, si en tu casa el dinero era un tema abierto, positivo y de abundancia, probablemente tus sentimientos fueran de igualdad y afinidad.

Y aquí esta el punto importante:

De pequeño no tenias forma de cuestionar que información adoptabas y cuales eran los efectos que tenia en ti, hoy si.

Y hoy, en este mismo instante, tienes la posibilidad de analizar tu relación con el dinero de una vez por todas.

Para darte un claro ejemplo de la diferencia en mentalidades, aquí tienes frases típicas que uno suele oír de ambos lados de este dilema.

Es importante que al leerlas vayas pensando de que lado de la ecuación estas tú, ¿Qué tan buena es mi relación con el dinero?

Cosas que dice la gente con una relación negativa con el dinero:

"Esta difícil…"
"Si tan solo…"
"¡No hay nada que pueda hacer!"
"Nunca he sido bueno con los números"
"El dinero es causa de avaricia y problemas"
"Los ricos son el problema de este país"
"Esas cosas no son para gente como nosotros"
"¿Para qué quieres más? Con esto tienes suficiente"

<u>Cosas que dice la gente con una relación positiva con el dinero:</u>

"Ahora lo solucionamos"
"Esta es una excelente oportunidad"
"Toma, te presto dinero"
"De donde vino esto hay mucho más"
"El dinero siempre ha llegado a mi"
"Soy bueno con los números y para generar dinero"
"Dinero sobra, solo hay que trabajar"
"Mi vida depende de mi y de nadie más"
"¡Hagamos las cosas suceder!"

Existen billonarios que han alcanzado el éxito gracias a que alguna vez tuvieron una pésima relación con el dinero; gente que debido a la falta de dinero durante la infancia, ocuparon ese resentimiento para motivarse a trabajar día y noche hasta alcanzar sus objetivos.

Lo importante es que sepas cual es tu perspectiva en cuanto al dinero, tomes consciencia de esto y que a partir de hoy te esfuerces para cambiar esos paradigmas que te han limitado en el pasado.

¡Regáñate cada vez que te encuentras hablando en términos negativos!

RECAP:

- La calidad de mi relación con el dinero es directamente proporcional a cuanto tengo, que tan rápido llega y cuanto acúmulo.

- El primer paso para mejorar mi relación con el dinero es definir cual es su estado actual.

- Tener una mala relación con el dinero en el pasado ha creado billonarios - ¡Tú podrías ser uno!

ACCIÓN:

- Define la calidad de tu relación con el dinero.

  Si todavía tienes dudas acerca de cual es el estado de tu relación con el dinero responde las siguientes preguntas:

1) ¿Qué es lo que sientes al gastar? ¿Remordimiento?¿Felicidad? ¿Culpa?

_____

_____

_____

_____

2) ¿En que compras buscas ahorrar dinero? ¿Y por qué?

_____

_____

_____

_____

3) ¿En qué compras no te importa gastar demás? ¿Y por qué?

_____

_____

_____

_____

4) Describe tu relación con el dinero hoy:

_____

_____

_____

CAPÍTULO 3

La Santísima Trinidad de "Hacerse Rico".

"La fe sin acción es la peor estrategia"
- Desconocido.

¿De verdad crees que ahorrarte ese *Venti Latte Frapuccino* del Starbucks te hará más rico?

Lo dudo mucho.

Pero seguramente has escuchado a gurús de las finanzas personales que te gritan:

"¡Ese café hoy son 7 dólares! ¡Pero un café a la semana por 50 años serían $18,200 dólares!"

Honestamente, prefiero tomarme el café.

$18,200 dólares en 50 años no me harán más rico, no me sacarán de un apuro de salud, no me ayudarán a comprarle a mi madre la casa de sus sueños, ¡$18,200 dólares en 50 años no me van a dar la vida que me merezco!

¿Sabes en cambio qué si me podría dar la vida que me merezco?

Una excelente conversación donde cierre otro buen trato de negocios… *Tomándome un café.*

Una cita donde conozca mejor a la mujer/hombre de mi vida… *Tomándome un café.*

Una mentalidad de abundancia que me permite saber que ya estoy produciendo más dinero aunque este sentado…. *Tomándome un café.*

Ahorrar es sumamente importante, no me tomen a mal, sin embargo el nivel de energía que la gente invierte en ahorrar a comparación de la energía que invierten en producir está ridículamente fuera de balance.

Ahorrar no es difícil, de hecho, las reglas para llevar tus finanzas personales en orden y evitar desastres son tan básicas que son solo 5.

Para que podamos seguir aprendiendo a vender tienes que jurarme que leerás estas 5 reglas y que las llevarás pegadas a tu corazón. No quiero que seas como *Vanilla Ice* y ganes millones vendiendo solo para perderlos en un par de años.

Reglas Básicas de las Finanzas Personales:

1) Gasta menos de lo que generas.
2) Ten un fondo de emergencia para sobrevivir unos 3 meses.
3) Ahorra del 10% al 30% de lo que ganes de forma constante.
4) Ten un seguro de gastos médicos mayores.
5) Aprende a invertir.

¿Pero saben cuál es tu *"problema"* con estas cinco reglas tan básicas?

La disciplina.

¡Ahorrar requiere disciplina! Y requiere muchísimo autocontrol ante la enfermedad de creer que nuestra *"Realidad Capital"* nos hará felices! Recuerda que el consumismo lo inventamos nosotros (¡Los vendedores!) y por ende tenemos que conocer sus efectos colaterales y no caer en ellos.

Tristemente vivimos en una sociedad donde la disciplina es extremadamente escaza. La gente tiene ADD (*Attention Deficit Disorder*), presta poca atención al mundo y a sus acciones y en gran parte esto es un efecto colateral del consumismo que hemos creado.

¡Imagínate! Acorde a estudios de los investigadores de Yankelvich, un ser humano normal es bombardeado por 3,000 estímulos publicitarios a diario… ¡Como mínimo! Este número puede subir hasta 20,000 dependiendo de donde vivas.

Ahí esta tu explicación acerca de por que se te olvida ahorrar cuando ves ese nuevo par de zapatos o el Iphone más nuevo del mercado. ¡Pero esto no es excusa! Necesitas ser disciplinado y tener esto resuelto antes de aprender a vender.

Lo importante es que sepas que hay 3 temas que tienes que dominar para poder tener mucho dinero, mantenerlo y seguir haciendo que crezca.

1) Hay que saber generar dinero (<u>VENDER</u>).
2) Hay que saber administrar el dinero (<u>AHORRAR</u>).
3) Hay que saber poner al dinero a trabajar por ti (<u>INVERTIR</u>).

Dentro de este libro nos enfocaremos en el primer punto, **aprenderemos a generar dinero vendiendo**.

Ahora, asumiendo que a partir de hoy serás disciplinado y llevaras tus finanzas personales en base a los cinco puntos que pusimos arriba, podemos pasar al tema importante: **¡VENDER!**

RECAP:

- Si quieres generar dinero ¡VENDE!, si quieres acumular dinero ¡AHORRA!, si quieres multiplicar tu dinero ¡INVIERTE!

- No desperdicies energía ahorrando centavos, enfoca tu energía en vender más y en producir más dinero.

- La clave de unas finanzas personales saludables es la disciplina (¡Y el nunca dejar de producir!).

- Finanzas personales en un 2x3; Gasta menos de lo que generas, ten un fondo de emergencia de 3 meses, ahorra del 10% al 30% de lo que ganes, ten un seguro de gastos médicos mayores, aprende a invertir.

ACCIÓN:

- Define la cantidad que tienes que tener en tu fondo de emergencia con la siguiente formula:

  Costo de tu "Realidad Base" x 3 = Fondo de Emergencia.

- Cotiza un seguro de gastos médicos mayores.

  Créeme, nada grita "¡BANCARROTA!" más fuerte que una emergencia médica para la que no estas listo. Existen planes económicos de muy buena calidad para ti y tu familia.

- Aprende a invertir.

  Inténtalo, y experimenta. Incluso con cantidades pequeñas, empieza poco a poco y aprende el juego de la inversión para que el día que tengas cantidades enormes de dinero tus decisiones sean mucho más acertadas.

GOODIES:

- Mi artículo: *"7 Formas de Aprender a Invertir sin Perder los Calzones en el Intento"* te dará las bases para poder entrar al mundo de la inversión.

  Léelo aquí: http://www.urzua.mx/7-tips-para-invertir-sin-perder-los-calzones-en-el-intento/

CAPÍTULO 4

Los Vendedores Hacen al Mundo Girar.

"Todo lo que quieres en esta vida es una comisión."
- *Grant Cardone.*

Es cierto, los vendedores hacemos al mundo girar, pero la razón por la cual lo hacemos es mucho menos ególatra de lo que suena esa frase.

No es que seamos un grupo élite de vendedores, si no que:

"Todos en este mundo somos vendedores".

No existe una sola persona sobre la faz de la tierra que no tenga la necesidad de vender algo. Una idea, un producto o a si mismos, todos tenemos algo que vender y en todo proceso de comunicación alguien esta vendiendo algo y otra persona lo esta comprando.

Vender es un requisito para vivir. El que no vende, ¡Pasa una vida eterna comprando! Y no estamos hablando de un shopping impulsivo en Rolex o Cartier, ¡Estamos hablando de que hay que gente que indiscriminadamente compra ideas, opiniones, sueños y metas que no son suyas!

Hay gente que por no aceptar su rol como vendedores, ceden este poder a los demás y permiten que se les vendan sueños ajenos, convicciones que no son propias y que muchas veces ni siquiera son positivas para ellos.

¡Imagínate! ¡Hay gente que trabaja 50 años para construir el sueño de otra persona!

Por eso es urgente que salgamos del closet de los vendedores y tomemos el control de este barco que es nuestra vida.

¡Todos vendemos! ¿Quieres pruebas?

¿Eres Free-lancer? Te vendes a ti como producto o servicio.
¿Eres Empleado Godínez? Te vendes ante tu jefe para un aumento o promoción.
¿Eres Emprendedor? Te vendes ante inversionistas como la mejor alternativa.
¿Eres Novio/Novia? Te vendes ante tu pareja como la mejor opción a diario.
¿Eres Estudiante? Te vendes ante el profesor como el más inteligente.
¿Eres un ser humano? Le vendes al mundo tu imagen y tu personalidad.

El momento en el que abraces tu identidad como vendedor e inviertas tiempo y dinero en desarrollar ese lado de tu vida, tus posibilidades de salirte con la tuya aumentaran en un 300%.

Recuerda que todo en la vida esta a una venta de distancia y todo lo que quieres en la vida es una comisión.

¿Quieres un millón de dólares?

Necesitas vender 100 productos de $10,000 dólares o 1,000 productos de $1,000 dólares.

¿Quieres conquistar a la mujer de tu vida?

Necesitas venderle la idea de que tú eres el hombre de su vida.

¿Quieres educar a tus hijos?

Necesitas hablar su idioma y venderle las lecciones que quieres que aprendan.

¿Quieres comer en el restaurante Argentino y tu mujer quiere sushi?

¡También tienes que saber vender tu opinión!

La supervivencia del más apto empieza por saber vender.

Y aunque es ilógico… ¡La gente tiende a huir de las ventas en vez de abrazarlas como el poder más grande que tienen, como la única forma que tienen de influir en su realidad diaria!

¿Por qué? Por que lo han intentado y han fracasado.

O peor, por que han caído en alguna pésima presentación de tiempo compartido o multiniveles que los dejo aterrorizados de por vida.

De una u otra forma, el hecho de que exista poca gente que se atreva a brincar con los dos pies y sumergirse en la vida de un vendedor es una excelente noticia para nosotros.

Menos competencia, menos gente preparada y muchas más oportunidades para aprovechar.

Todos en este mundo somos vendedores.

Acéptalo, abrázalo y…

Prepárate.

RECAP:

- ¡Todos, absolutamente todos en este mundo, somos vendedores!

- Si no vendes, ¡Estás comprando las ideas, sueños y metas de los demás!

- ¡Abraza tu rol de vendedor y salte con la tuya!

- Todo en esta vida esta a una venta de distancia y todo lo que deseas es una comisión que estas buscando.

ACCIÓN:

- ¡Préndete! ¡Motívate! ¡Ama lo que haces y tu profesión!

  Ahorita mismo, en este momento, quiero que escribas en la computadora una lista de las 5 mejores cosas que te ha regalado saber vender. Pueden ser las 5 mejores ventas de tu vida, la visión del mundo que te ha dado vender o lo que tú consideres apropiado.

  ¡Quiero que las escribas y en este mismo momento y las publiques en Facebook, Twitter o cualquier otra red social!

  ¡Quiero que abraces tu rol como vendedor, lo hagas público y le enseñes al mundo de lo que eres capaz!

  Ejemplo:

  Estas son las 5 Razones por las que AMO vender:

  1) *¡Me dan el poder de saber que YO defino mi vida!*
  2) *¡Me permitieron venderme ante mi pareja y amarl@ a diario!*
  3) *¡Me han enseñado que hay que gente que HACE las cosas o gente que pone EXCUSAS, pero no existe una combinación.*
  4) *¡Me han dado el gusto de manejar un Porsche Carrera!* ☺
  5) *¡Me permiten no depender de NADIE!*

  #TodosVenden

¡No olvides taggearme para poder verlo y usar el hashtag #TodosVenden para que TODOS vean el nivel de energía y compromiso que HOY tienes con tu éxito personal!

Por si no me tienes en redes sociales todavía, te estás perdiendo de increíble contenido, ¡Agrégame hoy!

Facebook: www.facebook.com/crisurzua
Twitter: www.twitter.com/crisurzua
LinkedIn: www.linkedin.com/in/crisurzua

CAPÍTULO 5

Tu Definición Personal de Éxito.

"Escucha tu propia voz, escucha a tu propia alma. Demasiadas personas viven escuchando el ruido del mundo."
- Desconocido.

Nota: Cada ejercicio de este capítulo tiene el potencial de cambiar tu vida, si los haces te aseguro tendrás las bases para ser el vendedor #1 de la historia, si no los haces no te puedo garantizar nada. Lee con atención.

Oh éxito, dulce y querido éxito.

Para muchos eres algo que solo conocerán a través de la televisión, o cuando lean en línea acerca de la estrella #1 de Hollywood o del más reciente millonario de internet de tan solo 20 años. Para otras personas, el éxito no solo es un destino, es el camino, es una forma de vida.

La diferencia entre estos dos grupos es que el segundo se dio cuenta de la importancia de invertir el tiempo necesario para encontrar y construir su definición de éxito y al hacer esto no "compraron" la definición de éxito de otra persona.

Andar por la vida sin esta definición es simplemente llenar tu existencia una y otra vez de tareas sin sentido, de ventas sin sentido y hasta de relaciones sin sentido a lo largo de toda tu vida.

Así que, ¿Por qué es tan importante tomarte el tiempo para crear tu propia definición de éxito? ¡Por qué sin ella estás perdiendo el recurso más valioso y no renovable que tienes: Tu tiempo!

¡El tiempo es el recurso no renovable más valioso que tenemos!

Toma ese concepto y atesóralo el resto de tu vida.

Todo lo que pospones, todo lo que te dices "impide" alcanzar tu definición de éxito, todos los problemas emocionales que arrastras, todos esos son factores que te hacen débil y menos ágil en tu habilidad para tomar decisiones. Y cuando no podemos tomar decisiones de una forma ágil, desperdiciamos tiempo en cantidades enormes.

¿Quieres poder tomar decisiones de forma ágil?

Tienes que saber hacia donde vas, tienes que saber cual es tu definición de éxito.

Tengo la esperanza de que ya te estés cuestionando cuál es tu propia definición de éxito pero antes de que empieces a manejar a 200 km por hora dentro de ese laberinto de preguntas y respuestas que todos llevamos en la cabeza necesitas saber que no existe un concepto universal de éxito.

El éxito significa algo distinto para cada uno de nosotros. Está directamente relacionada con tus valores, tú ética, tú historia y la manera en como cada uno de estos factores se posicionan como prioridades en tu vida.

Hay muchos casos, y puede que tú seas uno de ellos, donde aun estando en una posición de éxito la persona se siente incompleta. Puede que seas un Vice-presidente exitoso, CEO de tu propia empresa, un ejecutivo de mucha importancia o hasta alguien famoso y aun así no te sientas totalmente conforme con tu carrera o incluso con tu vida.

¿Por qué pasa esto? Por que no has caminado en dirección hacia tu definición de éxito.

Y muy a menudo lo más difícil de hacer es alejarse de aquello que puede ser excelente para alguien más pero no suficientemente bueno para ti.

Ahora, ¿Cómo creo mi propia definición de éxito para dejar de perder el tiempo?

Primero que nada tienes que entender los siguientes 5 Principios Básicos del Éxito, los cuales te ayudarán a tener una mejor perspectiva de este término tan elusivo.

✓ **Este es el paso # 1 en tu camino para definir el éxito.**

Principio Básico del Éxito # 1: El éxito es integral.

Tu definición de éxito debe incluir todos los aspectos de tu vida; trabajo, salud, amor, propósito de vida, creencias espirituales - ¡Todo! Debe de ser el objetivo y el camino que sigas a través de tu vida para alcanzar bienestar en todos los aspectos. Si eres exitoso en lo profesional pero no en la salud, tu visión del éxito no esta completa.

Principio Básico del Éxito # 2: ¡El éxito motiva!

¡Tu definición de éxito debe de darte la energía, el empuje y la emoción necesaria para perseguirlo! Debes de sentir esta energía vibrando en tu interior en el momento que hables de ello. Si no lo sientes o si el sentimiento se evapora rápidamente dejándote sin resultados específicos, no has encontrado aun tu definición correcta - Sigue buscando, no te conformes

Principio Básico del Éxito # 3: El éxito te da felicidad.

Es inevitable, una vez que has encontrado tu definición sentirás que tu alma se eleva como dándote a entender que se han encontrado, con una sonrisa reconocerás este momento en el instante que suceda. Ten cuidado con aquello que te de dinero pero que no te haga feliz. ¡Mata esas zonas de confort!

Principio Básico del Éxito # 4: El éxito es dinámico.

Como todo en la vida tu definición de éxito no necesariamente será la misma hoy que cuando tengas 80 años. Reconócelo y toma las decisiones adecuadas que te permitan ser lo suficientemente flexible para poder cambiar con el tiempo.

Vuelve a leer estos conceptos.

Regresaras a ellos una vez que hayas escrito tu definición por primera vez. Estos *Principios Básicos para el Éxito* serán tu guía de ahora en adelante. En el momento en el que quieras revisar si tu definición de éxito todavía es exacta y quieras adherirte a tus prioridades, regresa a esta lista.

Y si lo notaste, bien por ti, te dije cinco puntos y solo te di cuatro... Hablaremos del quinto más adelante.

✓ **Paso #2 en tu camino para definir el éxito:**

El camino para descubrir nuestra definición de éxito continua con definir las prioridades que rigen tu vida. Cada minuto que vivimos somos forzados a tomar decisiones y cada decisión que hemos tomado define el momento que vivimos.

¿Alguna vez has tomado una decisión solo para darte cuenta después que realmente no querías la opción que seleccionaste?

Esto sucede normalmente cuando estamos distraídos o cuando no estamos consientes de nuestras prioridades, hay gente que ha soplado las velitas de su cumpleaños número 89 sin saber lo que realmente valoran o sin entender el cómo fue que su vida los llevo hasta donde están.

Las prioridades que tenemos en la vida están directamente relacionadas con las decisiones que tomamos a diario.

ACCIÓN:

Quiero que tomes ahora un pedazo de papel o si eres un poco más tecnológico que abras tu computadora y escribas **en cualquier orden** las 15 o 20 cosas que más valoras en tu vida. Las que tienen la conexión emocional más fuerte para ti, las que te hacen feliz. Estas pueden ser gente (familia, amigos, socios, compañeros de trabajo...), valores (honestidad, integridad, dignidad....), sentimientos (sentirse realizado, felicidad, amor...), actitudes (profesionalismo, integridad, ser sociable...), objetivos (abrir tu propio negocio, escribir un libro etc..), hasta tu trabajo, tu coche, etc.

¡Cualquier cosa que te apasione!

Escribe todo aquello que sientas te afecta en el momento de tomar decisiones hoy en día. Yo también haré este ejercicio contigo para darte un mejor ejemplo...

LAS PRIORIDADES DE CRIS.

Mi hermano menor	Dinero.	Familia
Amor de pareja	Reconocimiento	Sentirme realizado
Estar súper motivado	Estar saludable	Escribir & leer
Diseño de vida	Vender	Psicología
Música	Viajar	Socializar

Una vez que hayas escrito las 15 o 20 prioridades más importantes en tu vida, ¡Ahora dales prioridad entre ellas! Has una lista empezando con la que tenga el mayor significado para ti en este momento y termina con aquella que consideres tiene menor relevancia en tu vida. Esto puede ser un proceso engañoso - Te pido te tomes tu tiempo y seas muy objetivo contigo mismo.

Nota: Esta lista es privada y solo para tus ojos. Nadie más que tu debe de tener alguna opinión o consejo sobre esta lista, de hecho ni siquiera deben verla.

Así que olvídate si la tía Mary va a notar que valoras más a tu perro que a ella, y por favor no pienses de más sobre tus decisiones. Usualmente la primera que viene a tu mente es la correcta. Se honesto contigo mismo.

Hare también este ejercicio contigo

MIS PRIORIDADES EN ORDEN DE IMPORTANCIA,

1) Mi hermano menor
2) Estar saludable
3) Estar súper motivado
4) Dinero.
5) Sentirme personalmente realizado
6) Amor de pareja.
7) Familia.
8) Reconocimiento.
9) Socializar.
10) Vender.
11) Viajar.
12) Escribir & leer
13) Música.
14) Diseño de estilo de vida
15) Psicología.

Ahí está. Esa es mi lista de prioridades hoy por hoy.

El chiste con esta parte del ejercicio es no complicarlo, lo que realmente quieres es poner atención a los grandes dilemas que saltarán frente a ti , ya que esto te dará las respuestas que te van a ayudar a encontrar esa definición de éxito y también te ayudarán a tomar cualquier decisión en general. Este último ejercicio es una gran herramienta que puedes volver a utilizar cada vez que tengas que tomar una decisión importante (revisa la sección de GOODIES al final del capítulo para utilizar el formato oficial).

Ejemplo: Vamos a pensar que el día de mañana me ofrecen mudarme a Suecia por los próximos 3 años para implementar una nueva estrategia de promoción para el gobierno Sueco y además me ofrecen el equivalente a 5 millones de dólares al año por hacerlo (*ring, ring,* gobierno Sueco).

Obviamente esto me haría muy feliz porque se ajusta con mi prioridad #5 (sentirme personalmente realizado), con la #4 (dinero), #8 (reconocimiento), #10 (vender) y con muchas otras de mis prioridades.

Sin embargo - Tendría que asegurarme que mi hermano (prioridad #1) está a salvo y feliz con mis padres mientras yo estoy lejos y que tengo lo necesario para mantenerme saludable durante el viaje (prioridad #2), además tendría que evaluar que otras de mis prioridades podrían estar en conflicto con esta decisión. ¿Estaría dispuesto a irme aun si mi pareja sentimental decidiera quedarse? ¿Esto intervendría de alguna manera con mi vida familiar?

Pero te repito, es muy importante que no lo compliques demasiado, pon atención a todos los dilemas conforme se te vayan presentando y no analices demás las pequeñas variables. Esto solo te apartará del objetivo principal de este ejercicio.

Paso #3 en tu camino para definir el éxito (el último paso): Crea tu propia definición de Éxito!

Hasta ahora has aprendido que todos tenemos variadas y muy personales opiniones acerca de lo que el éxito significa y que encontrar tu propia definición te ayudará a marcar el camino y los objetivos hacia los cuales debes encaminarte.

También has aprendido algunos de los Principios Básicos del Éxito que te han permitido conocer más a fondo la naturaleza de este concepto y has identificado cuales son las prioridades en tu vida...

Ahora estas listo para definir lo que éxito significa para ti.

Toma un pedazo de papel o abre una vez más tu computadora y escribe lo siguiente;

"LA DEFINICIÓN DE ÉXITO DE... (*TU NOMBRE*). Fecha: (XX/XX/XXXX)"

Mi definición de éxito hoy por hoy es:"

Asegúrate de escribir la fecha, ¡Es muy importante!

Una vez que hayas escrito lo anterior, empieza a escribir y no pares hasta que te duela la mano. Asegúrate de escribir todo aquello que asocies con el éxito, todo lo que tengas que hacer antes de morir o antes de que tu vida se sienta incompleta. Si quieres que tu definición de éxito pueda ser flexible y cambiar a través de los años escribe "como" quieres ser en lugar de "que" quieres tener.

Recuerda que no hay peor arrepentimiento que aquel que nace de no haber hecho algo. ¡No tengas miedo de pensar en grande! Piensa tamaño "Hollywood", no te pongas límites, no importa que tan ridículo pueda sonar.

Una vez que hayas terminado de escribir tu definición, léela varias veces, corrígela, agrégale cosas, borra las que no tienen sentido, edítala hasta que te sientas orgulloso de ella y de ti mismo.

Eres ahora una de las pocas personas en el mundo que están consientes de lo que el éxito significa para ellos y estas mucho más cerca de alcanzarlo que nunca antes.

Por supuesto que también haré esta parte del ejercicio contigo. Aquí está mi actual definición de éxito

LA DEFINICIÓN DE ÉXITO DE CRIS 04/06/2013.

Mi definición de éxito hoy por hoy es…_Ser un hombre congruente y ético con mis creencias y sus prioridades. Nunca permitir que nadie ponga límites a mis sueños y siempre tener la motivación y la disciplina requerida para conseguirlos. Quiero ser un hombre que da y que ame sin expectativas, ser un hombre que no guarda resentimientos, quiero lograr cada uno de mis objetivos, los económicos, los profesionales, los físicos y los espirituales. Quiero ser humilde, dar servicio y nunca dejar de aprender, quiero que cada persona que tenga contacto conmigo se beneficie de algún modo y nunca quiero perder la habilidad de disfrutar mi Realidad Base._

Ahora asegúrate de revisar tu definición de éxito con los _5 Principios Básicos del Éxito_ y con tus prioridades de vida para asegurarte que sean congruentes, una vez que lo hayas hecho imprímelo, has varias copias y colócalas en lugares donde los puedas ver constantemente: A un lado de tu cama, en la puerta de tu refrigerador, en tu cartera y en tu oficina.

¡Lo lograste! Ahora ya sabes el objetivo por el cual vendes. Ya no estas vendiendo por perseguir la idea que Brad Pitt y Angelina Jolie te vendieron. A partir de hoy estarás vendiendo con el único objetivo de poder ser fiel a tu forma de ser y a tu definición de éxito.

Y para todos aquellos que lo están esperando, aquí está el quinto, el último y el más importante de los 5 _Principios Básicos del Éxito…_

- **Principio Básico del éxito #5:** El Éxito siempre está disponible.

No importa si la sociedad te dice que ya estás muy viejo o que eres un desastre. Tampoco importa si tu mismo sientes que has tomado las peores decisiones del mundo. El éxito no juzga y jamás se aparta de nosotros, somos nosotros los que nos apartamos de él. Para alcanzar el éxito uno necesita valor, disciplina, fortaleza y lo más importante, necesitas mantenerte hambriento, necesitas quererlo de tal manera que no pase un día en el cual no hagas algo que te acerque un paso más a él.

Comprométete con tu éxito. Está ahí, esperándote.

RECAP:

- ¡Analiza tu definición de éxito! ¿La creaste tú? ¿O se la compraste a alguien más?

- El tiempo es tu recurso no renovable más valioso, no el dinero.

- ¿Entiendes como funciona el éxito? Los 5 Principios Básicos del Éxito son la clave para poder entender y definir a nuestro perseguido amigo.

- Tus prioridades en la vida tienen relación directa con la forma en la que tomas decisiones a diario ¿Cuáles son tus prioridades?

- ¿Cuál es tu definición de éxito?

ACCIÓN:

Aparte de la increíble acción que ya tomaste dentro del capítulo es momento de hacer algo más por ti y tu éxito como vendedor.

- Define el costo de tu Realidad Capital.

Ahora si, se vale soñar. En las mismas dos columnas o mejor aún, en el formato que encontrarás en la sección de GOODIES, identifica cuanto costaría vivir tu vida ideal, tu "Realidad Capital".

Este es el momento para que incluyas y cotices todas las cosas que te encantaría tener. Chofer, dos señoras de limpieza en casa, la mejor educación para tu familia, tu hipoteca mensual, la comida diaria, el presupuesto mensual de salidas y diversión, el presupuesto mensual para vacacionar, etc. ¡Todo lo que siempre has soñado como básico para definirte como alguien con éxito!

Mantén este número a la mano ya que nos servirá más adelante.

GOODIES:

- Descarga tu calculadora de Realidad Base y Realidad Capital aquí: http://www.urzua.mx/calculadora/

- Descarga la Guía para diseñar tu definición personal de éxito aquí: http://www.urzua.mx/la-guia-para-encontrar-tu-definicion-personal-de-exito/

CAPÍTULO 6

El Pianista (La Mala Reputación de las Ventas).

"La relatividad aplica a la física, no a la ética."
- Albert Einstein.

¿Cuántas personas no has conocido que les da pena decir que trabajan en ventas?

¡Incluso hay chistes al respecto!

Yo fui criado por dos de los mejores vendedores de tiempo compartido que he conocido. Las ventas pagaron mi educación, comida y techo desde el primer día en que nací y por eso le tengo tanta fe a la industria.

Y me acuerdo de un chiste que solía contar mi papá:

Era el día del trabajo en la escuela de Pepito y cada estudiante tenia que pasar al pizarrón a platicarle a los demás compañeros a que se dedicaban sus padres. Los padres también habían sido invitados a la clase y estaban en la parte de atrás del salón.

Primero pasó Susanita;

"Pues mi papá es doctor, se especializa en enfermedades del corazón y se dedica a salvar vidas."

Todos aplauden.

Luego pasó Juanito;

"Mi papá es bombero. Todos los días se levanta muy temprano para poder estar al tanto de cualquier emergencia y salvar gente."

¡Bravo! Todos aplauden.

Y de repente, le toca a Pepito pasar al frente.

"Bueno, pues mi papá es pianista en un prostíbulo".

El silencio incómodo inundo cada esquina del salón y Pepito rápido salió del frente de la clase.

Al término de la clase, el papá de Pepito, furioso, le pregunta:

"Pepito, ¡¿Cómo por que razón en este mundo dijiste eso?!"

A lo que Pepito responde:

"Ay papá... ¿Qué querías que les dijera? ¿Qué vendes tiempo compartido?"

Tu rum tun tssss…..

Fin del chiste.

Escuchar ese chiste me hace querer reír y llorar al mismo tiempo pero es un excelente shock con la realidad.

Tristemente, las ventas tienen mala reputación y por una variedad de razones.

Aquí tienes una lista:

- Vendedores poco éticos que mienten (y deberían ser encarcelados).
- Malos vendedores que utilizan técnicas de presión alta.
- Empresas que a través de presión alta queman a 9 prospectos para poder vender a solo 1 (técnicas poco sustentables).
- Fracasos personales en las ventas, es decir, gente que lo intento, no tuvo un entrenamiento decente y por obvias razones fracasó.

- El típico amigo que te invita a una "reunión" y te acaba queriendo vender un multinivel (muy mala prospectación).

¿Qué más quieres?

¡Con esas razones tienes más que suficiente para odiar a toda una industria entera!

Si no fuéramos todos vendedores, si las ventas no fueran lo que mantiene a nuestra sociedad girando, ya nos hubieran clausurado.

Lo interesante aquí es ver la reacción que el mundo ha tenido ante la mala reputación de las ventas, este es un fenómeno que yo llamo *"El camuflaje"*.

"El Camuflaje" es simplemente la forma ilógica en que todas las industrias del planeta han decidido "esconder" sutilmente a sus vendedores.

Por que si se dan cuenta, ¡Ya no existen los vendedores por título!

Ahora todas las empresas tienen:

- Representantes.
- Ejecutivos de cuenta.
- Coordinadores.
- Asesores.
- Concierges.
- Asistentes.
- Gerentes.
- Embajadores de marca.
- Analistas.

¡Cualquier título es mejor que simplemente ponerle a alguien "Vendedor"!

El termino vendedor ha sido relegado al cajón de los calcetines en un intento por "camuflajear" la verdadera intención que todos tenemos, la cual (aún con tanto título bonito y elegante) sigue siendo vender.

Este intento por camuflajear es útil y ha funcionado, ¿Por qué? ¡Por qué la gente es ilógica! ¿Tú crees que la gente no sabe que eres su vendedor? ¡Claro que si! ¿Tú crees que la gente no sabe que ganarás una comisión si aceptan tu sutil "recomendación"? ¡Por favor! ¡No los insultes diciendo que no!

¡Tu consumidor esta sumamente educado! Ya leyó en TripAdvisor que el concierge del hotel es en si el vendedor, ya hablo con sus colegas para preguntar sobre tu reputación como "asesor" ¡Tu cliente va a llegar a la defensiva aunque tengas un título fashion y elegante!

Los objetivos principales de hacerte saber todo esto son dos:

1) Que entiendas que la única respuesta a "¿Me vas a vender algo?" es "¡Claro! Pero no te voy a vender algo de lo que no estés sumamente enamorado" y…

2) Que aceptes y abraces tu necesidad de aprender a vender para evitar seguir dando mal nombre a nuestra industria.

Hablaremos mucho más de la ética en el siguiente capítulo, pero como les dije en un principio, este no es un libro para ti si consideras que a la hora de vender es necesario mentir.

Es necesario vender, es necesario subirle el contraste a la foto, es necesario crear emociones, pero mentir ¡Nunca es necesario!

Entonces decide ahora si vas a ser un vendedor amateur que quite prestigio a la industria o si vas a ser un vendedor estrella que inspire al mundo. Esta es tu última oportunidad para dejar de desperdiciar tiempo leyendo este libro.

Recuerda lo que te dije al principio: "Este libro no es para la gente que piensa que mentir es parte de un proceso de ventas", si tiras este libro por la ventana no te voy a juzgar, no te preocupes.

<u>Ser ético es tu decisión y de nadie más.</u>

RECAP:

- Es mi misión como vendedor ser el ejemplo y no parte del grupo que ha dado mala reputación a la industria.

- "El Camuflaje" en las ventas: La forma ilógica de llamarnos que funciona.

- ¿Vas a ser un vendedor ético… o patético?

ACCIÓN:

- ¡Haz una declaración!

  En este mismo instante decide que por más tentación que exista en nuestra industria serás un vendedor ético, que nunca perjudicaras o engañaras a un cliente y comprométete.

  Abre tu Twitter, Facebook o red social favorita y publica lo siguiente:

  "¡Un excelente vendedor NUNCA necesita mentir! #TodosVenden"

  Que el mundo sepa que tipo de vendedor eres, comprométete, dilo en voz alta y véndete ante el mundo como un vendedor ético y profesional.

  No como un amateur.

CAPÍTULO 7

Menos Camisas Hawaianas, más Trajes a la Medida.

"No puedes tener un sueño de un millón de dólares, con una ética de salario mínimo"
– Zig Ziglar.

¡Hey!

Que bueno que sigues leyendo, esto quiere decir que decidiste ser un vendedor que inspire a los demás y no una peste de vendedor que sume y sume a la mala reputación creada por algunos.

Ahora que tenemos eso claro tengo que enseñarte por que necesitas ser menos como una *Camisa Hawaiana* y más como un *Traje a la Medida.*

La *Camisa Hawaiana*; el uniforme oficial del tiburón/vendedor de tiempo compartido de los ochentas y noventas. Cómoda, guanga, una talla universal, fresca, y sinónimo de cero compromiso y relajación.

¡Perfecto!

Ahora, aléjate de mí. No quiero hacer negocios contigo.

Esta famosa camisa en mi mente es el símbolo de todo lo que esta mal en la industria. ¿Por qué? Por que es fea con ganas, es símbolo de conformismo y por que nunca le daría $40,000 dólares de mi dinero a alguien que tuviera una puesta.

"Bueno Cris, pero estamos vendiendo vacaciones, tenemos que inspirar relajación"

¡Inspira relajación con fotos, videos y una caminata por la playa! Pero no pretendas que me sienta cómodo entregándole mi preciado dinero a una *Camisa Hawaiana*.

Ahora, ¿Por qué deberíamos de ser más como un *Traje Hecho a la Medida*?

Ser un traje hecho a la medida no habla sobre tu vestimenta (eso lo veremos luego), habla sobre tu actitud hacia las ventas.

Alguien que es un *Traje Hecho a la Medida* tiene la capacidad de inspirar confianza, credibilidad y éxito a todos sus clientes, no importa la talla.

Alguien que es un *Traje Hecho a la Medida* es un profesional de las ventas, no un amateur.

Alguien que es un *Traje Hecho a la Medida* le da la seriedad necesaria a su profesión, invierte en su crecimiento y ve a las ventas como una forma de vida, no como un trabajo temporal. Ve a las ventas como una carrera, no una "chamba".

Ser un *Traje Hecho a la Medida* habla sobre tus prioridades.

Si tu prioridad es generar un cliente eternamente feliz, mejorar su vida con tu producto y en el proceso hacer una comisión enorme y mejorar la tuya… ¡Eres un traje hecho a la medida!

Si tu prioridad es hacer una comisión enorme con un producto malo y una venta peor, eres una *Camisa Hawaiana*.

Un T*raje Hecho a la Medida* no busca atajos que sacrifiquen calidad.

Pregúntate:

¿Qué tipo de traje eres?¿De que fibra estas hecho?¿Qué tanta inversión hay en tu traje?¿Vale la pena comprarte a ti? ¿Comprar contigo?

Ahora… **¡Suit up!**

Y a vender se ha dicho.

RECAP:

- ¿Eres una Camisa Hawaiana o un Traje Hecho a la Medida?

ACCIÓN:

- Tira tu camisa Hawaiana a la basura, por favor.

CAPÍTULO 8

Los 5 Errores de la Camisa Hawaiana.

"Un gran ego tiene orejas pequeñas."
- Robert Schuller.

Las *Camisas Hawaianas*, también conocidos como los vendedores amateur o mediocres, no son malos solo por utilizar la camisa. Son malos por una eterna cantidad de razones, la camisa solamente es un efecto secundario.

Para evitar que mágicamente aparezcan camisas Hawaianas dentro de tu closet, te pido por favor nunca cometas estos errores.

Error #1: Hablan demasiado.

Equivocado a lo que la gente piensa, vender se trata más de saber escuchar que de saber hablar.

¡Todos sabemos hablar! ¡Esto no es ninguna ciencia! Y encima de eso el ser humano esta condicionado a creer que somos maestros de la verdad absoluta, cuando en realidad no lo somos.

No hables demás, dedícate a escuchar atentamente y a entender a tu cliente. Aprende a hacer las preguntas correctas y a formular las frases que activarán emociones en tu prospecto.

Recuerda que nada de lo que aprenderás el día de hoy saldrá de tu propia boca, por lo mismo, si quieres crecer y aprender, cierra la boca y abre la mente.

Error #2: Ven a la verdad como un inconveniente.

¿Tu producto no puede hacer algo? ¡Dilo antes de que sea un inconveniente! Deshazte de esa objeción antes de que siquiera nazca.

¿Esa casa que quieres vender tiene problemas de humedad? Menciónalo primero tu y hazle ver a tu cliente que por eso mismo esta casa sería una buena inversión.

¿Vendes tiempo compartido? No digas que no es tiempo compartido. Di que es el MEJOR tiempo compartido y que no conocerlo es desperdiciar dinero y calidad en cada uno de sus viajes.

Las *Camisas Hawaianas* le tienen pánico a la verdad por que les da flojera anticiparse a las objeciones que su producto tiene por naturaleza.

Tu cliente siempre sabrá leer a través de tus mentiras y si no las notan al principio, tarde o temprano regresarán a morderte el trasero.

No hay nada más poderoso que la verdad.

Error #3: No creen en su producto.

¿Cómo te atreves a venderme algo en lo que no crees?

Si no comprarías tu mismo el producto que estas ofreciendo, no te atrevas a venderlo. Creer en tu producto no solamente te dará la credibilidad necesaria durante la venta si no que te dará el nivel de energía y pasión para promover oportunidades, servicios y productos que verdaderamente agreguen valor a la vida de tus clientes.

Fíjate en los verdaderos vendedores, en los *Trajes Hechos a la Medida*, por lo general son dueños o utilizan los productos que tanto promueven.

<u>Error #4: Asumen cosas.</u>

Este error es el más frecuente en las *Camisas Hawaianas.*
Asumen cosas, se saltan pasos y luego se preguntan "*¿Por qué
no vendí?*".

No asumas ¡NADA! Y no prejuzgues a ¡NADIE!.

¿Crees que tu cliente no esta interesado? ¿Te lo dicen tus cientos
de años de experiencia leyendo lenguaje corporal? ¡ERROR! No
asumas nada, hay gente que por naturaleza tienen cara de
indiferencia.

¿Crees que tu cliente no tiene los ingresos para comprar tu
producto? ¡ERROR! No asumas esto nunca. Tu definición de
cómo se debe ver alguien con dinero puede estar muy
equivocada.

En vez de asumir y prejuzgar, pregunta, socializa y conoce a tu
cliente antes de empezar la venta. Busca siempre personalizar tu
servicio y tu relación en vez de asumir y buscar atajos.

<u>Error #5: Se estresan.</u>

¿Por qué se estresan? Por que no siguen las reglas básicas de las
finanzas personales que vimos en el capítulo 3 y por qué creen
que su "Realidad Capital" es la fuente de toda su felicidad.

Tú ya tienes una red de seguridad instalada, brinca y no te
estreses.

RECAP:

- Un excelente vendedor, un vendedor que es un *Traje
  Hecho a la Medida* y no una *Camisa Hawaiana*, escucha
  más, habla menos.

- La verdad nunca es un inconveniente.

- Vender algo en lo que no crees o que no comprarías es una forma de mentir.

- ¡Un excelente vendedor no asume NADA y pregunta TODO!

- ¡Crea una "red de seguridad" mental y no te estreses!

ACCIÓN:

- ¿Ya tiraste tus camisas Hawaianas?

(Hmmm... Solo estaba checando)

CAPÍTULO 9

El Futuro de Las Ventas.

"El futuro empezó ayer y ya vamos tarde."
- John Legend.

"Hola Paco, te tenemos que pedir que empaques tus cosas y te retires. Ya no trabajas para la empresa."

"¡Señor! ¡¿Pero por qué?!"

"Ya tenemos una aplicación del Iphone que hace todo lo que tu haces sin costo alguno y sin tus rachitas de mal humor. Gracias, ahora, a empacar."

No, no te preocupes. No te va a reemplazar una aplicación de Iphone.

Bueno, al menos no lo hará si eres un *Traje Hecho a la Medida*, si eres una *Camisa Hawaiana* no te puedo prometer nada.

Mucha gente me ha preguntado acerca de cual creo que sea el futuro de las ventas a 10, 20 o 50 años. La gente quiere tener control y seguridad, es normal que queramos ver donde estamos parados y hacia donde doblar el cuello antes que los demás para ganar ventaja.

Estos son mis dos centavos:

Estoy totalmente de acuerdo con Peter Thiel, fundador de PayPal, cuando dice que la tecnología no va a reemplazar al humano y mucho menos al vendedor.

La tecnología actual tiene el increíble poder de procesar miles de millones de datos de forma rápida y eficaz. Proceso que nos permite conocer mejor a nuestros clientes, ver patrones, medir nuestros esfuerzos y afinar nuestras estrategias.

Las máquinas son excelentes para el análisis de grandes cantidades de datos, los seres humanos no.

Pero existe algo que las máquinas todavía no hacen tan bien como los humanos y esto es… *Ser humanos.*

Saber tomar en consideración la información que no esta cuantificada para la toma de decisiones, saber desenvolverse en un contexto social y entender las emociones que causan que el ser humano sea tan ilógico en sus acciones.

¿Pero que pasa cuando las máquinas y su procesamiento de datos se juntan con un ser humano emocional y sensorial?

Los mejores resultados que existen.

Existen cientos de historias de cómo la alianza hombre / máquina ha generado mejores resultados que cuando uno de los dos trabaja de forma independiente. Lo vemos en equipos de detección de fraudes con tarjeta de crédito; la máquina detecta los patrones, el analista confirma si hay riesgo o no. Lo vemos en los estudios de mercado; las maquinas detectan los patrones y los mercadólogos confirman si existe una verdadera oportunidad.

La alianza hombre-máquina es el futuro.

En conclusión, no te va a reemplazar una máquina pero sí vas a trabajar muchísimo más con ellas. Incluso me atrevo a decir que tu efectividad como vendedor y tu porcentaje de ventas dependerán directamente de la calidad de relación que tengas con la tecnología.

Aquí te dejo 10 afirmaciones que a través de mis años de estudio me atrevo a hacer y que solamente el tiempo nos dirá si son correctas o no:

1) La calidad de tu relación con la tecnología será directamente proporcional a tus ingresos como vendedor. La alianza hombre-máquina será lo más importante.

2) Las habilidades sociales y de negociación tendrán más valor que nunca, pero las oportunidades serán reducidas un cierto número de personas especializadas en el tema. Solo los *Trajes Hechos a la Medida* sobrevivirán, ya no habrá espacio para las *Camisas Hawaianas*.

3) No existirá un vendedor profesional que no conozca sus métricas.

4) Los software de CRM (*Customer Relationship Management*) serán indispensables para manejar relaciones efectivas con tu cliente.

5) Sera necesario agregar 5 veces más valor a un producto para poder venderlo.

6) La velocidad será el nombre del juego. Si no estas al tanto de las nuevas tendencias en tecnología la competencia te comerá vivo. Como dice Bob Dylan, *"Si no estas ocupado naciendo, estas ocupado muriendo"*.

7) Si no eres nadie en Internet, no serás nadie para tus clientes.

8) El cliente hará el 90% de la venta antes de siquiera conocerte. Tu toque emocional será solamente la cereza arriba del pastel que cerrará el trato.

9) Todo irá enfocado al servicio al cliente y a la personalización.

10) Todo mundo será una marca en internet pero pocos serán verdaderamente buenos en vida real y eso será la diferencia.

Teniendo todos estos puntos en mente podrás tener una idea acerca de hacia donde debes de ir diseñando tu carrera como vendedor, la estrategia comercial de tu empresa y tus emprendimientos.

Vender siempre será parte de nuestras vidas. El trueque, el intercambio y la influencia siempre estarán presentes pero si no te anticipas a los cambios y no abrazas la tecnología como una oportunidad tus clientes te pedirán que hagas las maletas.

RECAP:

- Las máquinas no reemplazarán a los vendedores pero tus ingresos dependerán de la calidad de tu relación con la tecnología.

- El futuro de las ventas es la personalización del servicio.

- La velocidad será el nombre del juego en las ventas y los negocios en general.

ACCIÓN:

- Audita la calidad de tu relación con la tecnología.

  Responde las siguientes preguntas:

1) ¿Qué elementos tecnológicos incorporo en mi proceso de ventas?

_____

_____

_____

_____

2) ¿Qué tecnologías utiliza la competencia y yo no?

_____

_____

_____

_____

3) ¿Qué tres iniciativas futuristas puedo aplicar en mi negocio para vender más, dar un mejor servicio y enamorar más a mis clientes? (En esta pregunta investiga un poco, sueña y busca la manera de hacerlas reales).

_____

_____

_____

_____

El objetivo de esta auditoria es que descubras oportunidades innovadoras para vender más y llevar tu negocio al siguiente nivel.

Al mismo tiempo analiza si la tecnología te intimida o te emociona. Necesitas asegurarte que tu como vendedor veas a la tecnología como una herramienta para el éxito no como una molestia o inconveniente.

¡No seas conformista! ¡Sigue creciendo!

GOODIES:

- ¡Modernízate!

  Tengo 5 aplicaciones para tu celular que necesitas tener
  ¡YA! Y que aun mejor son 100% gratis y fáciles de usar
  para hasta el vendedor tecnológico más novato.
  Descárgalas gratis aquí: http://www.urzua.mx/5-
  apps-para-vendedores-las-tienes/

CAPÍTULO 10

6 Cosas que NECESITAS saber antes de entrar a VENTAS.

"Las ventas no conocen limites. Nuestra misma existencia es un proceso de ventas."
- James Cash Penney.

Si eres seguidor de mi blog, probablemente reconoces ese título. Este título cambio mi vida de una forma tan ridículamente aleatoria, que aun no la puedo creer.

Un día, después de muchos años de vender, decidí salir de mi zona de confort y hacer algo que siempre había querido hacer;

Decidí empezar un blog de ventas.

Un blog donde pudiera compartir las situaciones maniacas, obsesivas, divertidas y aleatorias que pasan por la vida de un vendedor. Un blog donde los vendedores se pudieran identificar, reír, saber que no están solos y más importante, que han sido sumamente listos al dedicar su vida a esta profesión.

Escribí un primer artículo, llamado *"6 Cosas que NECESITAS saber antes de entrar a VENTAS",* lo publique en el blog (con errores de ortografía para el stress de los más de un gramar nazis allá afuera), le di compartir en Facebook y me fui a dormir.

36 horas después, regrese a Facebook y al blog y…. ¡Madre de dios!.

40,000 visitas, más de 500 Shares, cientos de comentarios en el blog y cientos de personas intentando contactar conmigo para compartir historias y reírse un rato.

Después de esas 36 horas siguieron semanas del artículo inundando el internet cual huracán Wilma en Cancún en el 2005 (Soy de Cancún y lo sobreviví, tengo derecho a reírme del tema). Muchas invitaciones a dar cursos, conferencias y entrenamientos. Muchísima energía positiva y lo más importante: <u>Atención a una comunidad ignorada.</u>

La comunidad de vendedores había estado ignorada por años, trabajando bajo *"El Camuflaje"* y sintiéndose menos. El blog abrió las puertas del tema y nos hizo reír a todos.

No tienen idea de cuanto agradezco su continuo apoyo desde esas primeras 36 horas hasta el día de hoy. Los amo.

Sin más cursilerías, aquí tienen las *6 Cosas que NECESITAS saber antes de entrar a VENTAS* – Es tu última oportunidad de huir.

"6 Cosas que NECESITAS saber antes de entrar a VENTAS por Cris Urzua."

Si alguien me hubiera advertido de estos 6 puntos hace 7 años probablemente también hubiera entrado al mundo de las ventas...

¡PERO!

Hubiera estado mucho más preparado para el torbellino de información, emociones, sube y bajas y situaciones – BORDERLINE ridículas – con las que un vendedor tiene que trabajar a diario.

No importa si vendes bienes raíces, tiempo compartido, diamantes, quesos menonitas o lechugas (…tengo un buen amigo que hizo millones vendiendo lechugas), esta lista te hará reír, asustará a los que creen que las ventas son "dinero fácil" y motivará a los que verdaderamente tienen interés en entrar a la industria.

¡Comencemos!

#1: Las Comisiones: Tus nuevos mejores amigos.
Olvídate de esperar viendo el reloj a que den las 5 para salir corriendo a casa y dile adiós a esos LUNCH BREAKS de "veinte minutos" donde tardabas hora y media cortando las orillas de tu sándwich en tu figura geométrica favorita de la primaria.

Si piensas tener éxito en esta industria, debes de estar al pie de cañón, listo para atender a tus clientes en el momento en el que ellos lo necesiten. Tiempo perdido = ventas perdidas y ventas perdidas = buró de crédito. La mentalidad Godínez de "llego, pago mi tiempo y me voy" no funciona en esta industria. TU serás el único responsable de lograr que tu tiempo te genere dinero. ¡Aplícate o renuncia!

#2: Tus Emociones a la Licuadora: Te van a RECHAZAR todo el día.

Si no te están diciendo que no, no estas vendiendo lo suficiente.

Manejar el rechazo es una de las causas por las cuales los trabajos en ventas son tan bien pagados… ¿Por qué? ¡Por qué es horrible! Y es normal y hasta bueno que esto mueva tus emociones. Al final del día no dijeron que no a tu producto, dijeron que no a ti como vendedor y si asumes esa responsabilidad tienes el poder de cambiar tu acercamiento y mejorar tus resultados.

¿Te acuerdas cuando Lupita en la primaria dijo que no quería ser tu novia? Pues, ventas te pondrá en esa situación varias veces al día con tal de tarde o temprano obtener uno o varios SI.

#3: Tus Compañeros: Están locos (Y tu también).

Piénsalo, estas rodeado de gente apasionada, emocional y simplemente folklórica. No importa lo que vendas, las ventas atraen a una gama de personajes de la A a la Z. Verás TODO en el mundo de las ventas; viejos gruñones, juniors millonarios, femme fatales, gente estúpidamente positiva, personas que no paran de hablar, drogas, historias de éxito en contra de toda probabilidad, ¡Nada de lo que te pueda decir te preparará para tus compañeros!

Y de vez en cuando encontrarás gente con una excelente calidad humana (dependiendo mucho de en que empresa trabajes y que producto vendas) y te aseguro que con todos (hasta con el más folklórico) te reirás al menos una vez.

#4: Enojo Espontáneo: ¿Clientes con botox o algo personal?

Va a llegar un momento donde simplemente no hagas clic con un cliente. ¿Por qué? No sabes, tampoco él, pero te odia como si desayunarás cachorritos de Golden Retriever. Estos casos son raros, pero tarde o temprano te va a pasar y es interesante ver que aun con tu mejor sonrisa, tu mejor chiste y tu nueva loción, el cliente no cae ante tus encantos.

¿Qué hacer? Tienes dos opciones: Cambia de cara (es decir qué alguien más lo atienda) o dejar de juzgar al gruñón y saca la venta adelante. Muchas veces sueles ser tu el que tiene el problema de actitud y no el cliente o podría ser que el cliente acaba de recibir pésimas noticias y no es nada personal. En cualquiera de estos casos nunca dejes de preguntar "¿Cuál sería su forma de pago señor?".

#5: La Ley de la Dona: ¿Ves el hoyo primero que la dona?

Tristemente nuestra profesión esta plagada por gente negativa acostumbrada a vivir en una zona de mediocridad que les da "lo suficiente" para vivir día a día. Sin embargo, si tu objetivo es ser el mejor, el #1, el Jordan Belfort (pero ético y sano, esperemos) de tu equipo de ventas…

¡No puedes permitirte ser negativo!

Aléjate de cualquier persona negativa a tu alrededor, acostúmbrate a ver las cosas desde un lado positivo, habla en términos de abundancia no de escasez, no tengas ratos de ocio, se pro-activo y cuanto te caches a ti mismo comprando cualquier excusa o pensamiento negativo – ¡Escúpelo! No puedes permitirte perder el tiempo divagando y bajando tu nivel de energía.

#6: El primer cheque.

No, no me refiero a "literal" tu primer cheque.

Me refiero a aquel primer cheque, el primero que recibiste y que al ver la cantidad dijiste "¡¡¡CARAJO!!! ¡POR ESO TRABAJO EN VENTAS!". Ese cheque con el que empezarás a pensar "Mis amigos Godínez hacen esto al mes, yo lo hice en una venta", ese cheque que será tu nuevo PR (Personal Record) y que será tu punto de comparación con cualquier otro cheque por venir, ese cheque con el que llevaras a tu novi@ al mejor restaurante de tu ciudad a celebrar.
Cuando llega ese cheque, ya no hay vuelta en U.

Eres un vendedor y estas dentro, for life.

Quieras o no las ventas son un requisito para tener éxito en la vida ya que #TodosVenden , y si no estas vendiendo, estas comprando la idea y la visión de alguien más. Mientras antes adoptes la mentalidad de vendedor, estudies el tema y practiques lo estudiado mayores probabilidades tendrás de tener éxito.

#TodosVenden

RECAP:

- El éxito depende de tu coraje por hacer las cosas, no del tiempo. El éxito puede ser instantáneo solo necesitas tener coraje para hacer que las cosas sucedan.

- El poder del Internet es legendario, utilízalo para vender tu producto.

- Los amo, verdaderamente los amo. Gracias.

ACCIÓN:

- Haz algo que te de miedo.

¿Qué has estado posponiendo por miedo? ¿O por qué no es el mejor momento? ¿O por el "qué dirán"?

¡Define HOY que has estado posponiendo y toma una decisión consciente por hacerlo pasar!

De nadie depende tu éxito y la velocidad con la que lo alcances más que de ti.

CAPÍTULO 11

El Manifiesto.

> *"Pensar demasiado es usualmente un producto de hacer muy poco."*
> *- Yehuda Berg.*

¿Qué es un manifiesto? ¡Fácil! Una declaración publica de principios e intenciones.

Y este es el Manifiesto de las Ventas, este es el Manifiesto del Vendedor, este es Manifiesto de los *Trajes Hechos a la Medida.*

Imprímelo y léelo a diario, publícalo en Facebook con el hashtag #TodosVenden , y revísalo cada que tengas dudas de quien eres y por que vendes.

¡Utilízalo para mantenerte motivado!

La vida es una venta y salirme con la mía depende de nadie más que de mí. Todo lo que quiero esta a un venta de distancia, la meta, la fama y el éxito, todo a un venta, a un esfuerzo, <u>a un brinco arriba del promedio.</u>

Tengo pánico a la mediocridad. Vendo con ética, vendo como quisiera me vendieran a mí. Conozco las mentiras pero no las necesito usar, conozco la salida pero NUNCA la pienso utilizar.

Soy sordo a toda crítica, a toda negatividad, genero mi propio ambiente. Soy un ecosistema más allá del poder de tus palabras. Tengo cero excusas, yo soy mi única fuente de motivación. Proveer, crecer, aprender o morir. Siempre un paso adelante.

Pongo en claro mis prioridades y no creo en las casualidades. La suerte es una ilusión de la gente que no reconoce mi sudor y toda la preparación. Creo en la vida, creo en mi definición del éxito. Creo en la forma en la que yo quiero vivir, en la que yo quiero ayudar. Tomo el control, tomo el volante y siempre voy un paso por delante.

Ahora, estas listo para aprender a vender.

FASE#2: TU MINDSET.

(Entiéndete a ti, para venderles a ellos)

CAPÍTULO 12

La Clave: El espacio entre tus oídos.

"Nuestra vida es creación de nuestra mente."
-Buddha.

"¡Cris! ¡Ya dame los secretos para manipular al mundo entero y venderle al 100% de mis prospectos!" Has de estar pensando.

Pero antes de empezar a entender como funciona la mente de tus clientes, tienes que aprender un poco más acerca de cómo funciona tu mente, la mente de un vendedor.

¿Cuántas personas no has conocido que entran a ventas tan solo para salir un par de meses después (con la cola entre las patas) diciendo que *"las ventas no son para ellos"*?

¡Decenas! ¡Si no cientos! Y la realidad es que las ventas son para todos y solo existe una razón por la cuál no te van a gustar las ventas: ¡Por qué no tienes idea de lo que estás haciendo!

Y al no saber como vender, el rechazo te va a hacer su victima preferida.

Si aun siendo la victima preferida del rechazo no has caído y decides que estudiarás la psicología de tus clientes para ahora si poder vender… ¿Sabes que te va a volver a poner con el cachete contra el ring?

¡Tu propia mente!

El secreto mejor guardado de los vendedores es que todos y cada uno de ellos saben que su principal herramienta de trabajo es su mente. Si alguien se mete con tu mente, estas frito. Si alguien ocupa energía y espacio en tu cabeza que debería de estar siendo dedicado a enfocarte en la venta que tienes en frente… ¡No vas a vender! Así de sencillo.

Las ventas son una industria celosa. Si no tienes los dos pies dentro del juego, las ventas te darán la espalda y te mandarán de regreso a tu trabajo Godínez.

Los mejores vendedores aprenden a controlar y utilizar su mente antes de intentar controlar y manipular (de forma positiva) la de sus clientes.

Tienes que saber que cada centímetro de tu cuerpo y de tu mente va a pelear hasta el cansancio en tu contra cuando intentes ser exitoso. Los seres humanos estamos diseñados para buscar el confort, la seguridad y el control de todo lo que nos rodea para minimizar riesgos.

El éxito requiere todo lo contrario. Requiere romper tu zona de confort, arriesgarte y ponerlo todo sobre la línea de juego. ¿Crees que tu cuerpo te apoyará positivamente a asumir estos riesgos? ¡Claro que no!

Por esta razón menos del 1% de la gente que conoces logra verdadera abundancia económica.

Es natural sentir miedo, nervios y generar excusas. Tu mente lo hace por ti en automático.

Y aunque hayas desarrollado una relación positiva con el dinero y pienses y hables en términos de abundancia, seguirás sintiendo miedo y pánico a la hora de salir de tu zona de confort y pedir la tarjeta de crédito.

Y por eso te dejo la lección más grande del planeta:

Tu no eres tus pensamientos.

Tus pensamientos pueden ser mil cosas, pero no eres tú. Tu eres un ser íntegro, externo a cualquier opinión o creencia, los pensamientos que pasan por tu mente son información que has recolectado del exterior y que tu mente procesó a través de diez mil filtros que desarrollaste desde niño.

Lo que es una verdad para ti puede ser una mentira para el resto del mundo.

Hacer un millón de dólares para ti puede sonar difícil, para miles de personas es tan fácil como tronar los dedos.

¡Tu mente irá en tu contra!

Te dirá que te rindas, que no vale la pena, que ya estas viejo, que mejor descanses, que estas muy cansado, que la economía no te lo va a permitir, que no es tu culpa, que "diosito" te tiene mejores planes, que ahorita no es el mejor momento, que tu misión es otra, que siempre no lo querías… ¡Tu mente se encarga de plantear todas las excusas posibles dentro de ti para convencerte de no arriesgarte!

Un excelente vendedor reconoce esta verdad y decide, conscientemente, ignorarla y seguir buscando el si.

A diario, 24/7, 365 días del año.

Y aun en contra de su propia mente.

RECAP:

- Tú no eres tus pensamientos.

- Solo odiarás vender, si no sabes como.

- Estás diseñado por naturaleza para estar cómodo, no para tener abundancia económica y alcanzar tu máximo potencial como persona.

ACCIÓN:

- Identifica y patea tus excusas favoritas.

En la siguiente lista escribe las 10 excusas más comunes que has utilizado para evitar hacer cualquier cosa en la vida.

Ejemplos: Ya es muy tarde, no tengo tiempo, estoy cansado, no es el mejor momento, no estoy listo, que irán a decir, etc.

MIS EXCUSAS FALSAS FAVORIAS:

_____

_____

_____

_____

_____

_____

_____

_____

_____

_____

_____

_____

_____

Ahora, lee la lista. ¿Listo?... Ahora date una cachetada por haber creído todas estas excusas en algún momento.

¡No existe excusa alguna que resista a alguien verdaderamente motivado!

Identifícalas y date cuenta que siempre hay más tiempo, otras estrategias y maneras de hacer que las cosas sucedan.

CAPÍTULO 13

Mente Abierta, Boca Cerrada.

*"La mayor parte de la gente no escucha con la intención de
entender, escuchan con la intención de responder."*
- Stephen Covey.

Así como en finanzas personales la clave es gastar menos de lo
que ganas, en ventas, uno debe de hablar menos de lo que
escucha.

Tu objetivo no es hipnotizar a tu cliente con tu voz, tu objetivo es
que ellos se vendan a si mismos. Tu objetivo es tentarlos y que
ellos lleguen a la conclusión de que tu producto es la solución
correcta para su problema.

Tu no tienes la capacidad de alimentarle a cucharadas la solución
correcta a un cliente informado pero si tienes la capacidad de
tentarlo e indicarle el camino para que el se convenza a si
mismo.

¿Qué pasa cuando un vendedor no para de hablar y el cliente
nunca dice una palabra?

El vendedor no sabe donde esta parado. No sabe si tiene una
venta o no.

En ventas y en la vida, aprende más el que calla y escucha que el
que se enamora del sonido de su propia voz.

No cometas el mismo error de las Camisas Hawaianas y escucha,
escucha, escucha.

RECAP:

- Escucha más, habla mucho menos.

ACCIÓN:

- Utiliza preguntas abiertas.

Las preguntas abiertas son aquellas que por su estructura invitan a tus clientes a abrirse contigo y a hablar más. Son preguntas que nunca se responden con solo "Si", "No" o "A veces" (esas son preguntas cerradas).

Diseña varias que vayan adoc con tu presentación y utilízalas hoy mismo.

Revisa que resultados te dan y que tan efectivas fueron para hacer que gente se abra contigo.

Ejemplos:

"Sr. Pérez, ¿Qué es lo que busca lograr con esta inversión?"
"Sra. Pérez, ¿Qué es lo que más le gusta sobre vacacionar en familia?
"Sr. Ramírez, ¿A qué se dedica en casa?"
"Sra. Ramírez, ¿Qué es lo más importante para ustedes con esta compra?

- Utiliza la técnica del puercoespín (*Porcupine Questions*).

Si tu cliente te pregunta algo relacionado a tu producto, contesta con una pregunta y haz que el mismo se venda la respuesta.

Ejemplo:

Cliente: *"Oye Cris, ¿Con este tiempo compartido puedo traer a mis 2 primos al hotel?"*

Tú: *"Señor, permítame preguntarle, ¿Qué tan importante es viajar con más gente para usted?"*

Cliente: *"¡Muy importante! Sacamos a mis primos de vacaciones una vez al año como mínimo y me gustaría traer a mi suegra también".*

Tú: *"¡Qué bueno que me dice Sr. Pérez, ahora mismo le enseño como nuestra membresía puede trabajar para usted y su familia".*

Ahora, ¿Qué acabamos de ver?

Al utilizar esta técnica logras:

1) Obligar a tu cliente a revisar sus prioridades en relación a tu producto.

2) Haces que tu cliente diga en voz alta que algo relacionado con tu producto es importante para el.

3) Y lo más importante, el señor empieza a vender a su esposa (si está sentada al lado de él).

La Sra. Pérez sentada a un lado acaba de escuchar a su marido tomar iniciativa de tu producto, hacer preguntas y darle relevancia a lo que estás diciendo. ¡Esto la va a animar a preguntar también!

Muchos mejores resultados que solamente contestar "Si" ¿Cierto?

¡Utiliza esta técnica esta semana y observa los resultados. ¡AH! Se me olvidaba… Se llama técnica del puercoespín por que ¿Qué sería lo primero que harías si alguien te avienta un puercoespín? ¡Aventarlo de regreso! ¡Y eso es lo que haces exactamente con la pregunta de tu cliente!

CAPÍTULO 14

Sordera Selectiva.

"El gran mito de la humanidad es que quejarse soluciona las cosas. Tomar acción soluciona las cosas. Uno no puede quejarse y echarse a dormir."
- Desconocido.

Los mejores vendedores son sordos.

Por que NO escuchan la negatividad de sus compañeros de trabajo, por que NO escuchan aquel *"No te voy a comprar"* falso que todos los prospectos muestran como resistencia al principio, por que NO escuchan las excusas que su propia mente planta en su camino y por que no escuchan los 9 NOs que tuvieron que filtrar para llegar a un SI.

Recuerda una excelente frase que dicen los Americanos:

"Misery loves company"

La gente miserable y negativa amará bajarte a su nivel y justificar su mediocridad con tus oídos. ¡Escapa de ellos!

Las emociones y la actitud de un gran vendedor son 100% independientes de las palabrerías que contaminan el aire y su mente.

Aprende a utilizar la sordera selectiva y defiende tu producción de toda la basura que se encuentra en el aire… Y en el espacio entre tus oídos.

RECAP:

- Que tu habilidad de vender no dependa de factores externos ni de los obstáculos que tu mente aviente en tu camino.

- Huye de los vendedores miserables, les encantará bajarte a su nivel.

ACCIÓN:

- Identifica a los *"Pity Parties"* de tu vida y huye de ellos.

  Un "Pity Party" (Fiesta de Lastima) es la peor enfermedad de un equipo de ventas (y la vida en general) y tristemente, siempre existen. Identifica a las personas que siempre se quejan, critican, son sarcásticos y dicen cosas negativas. No importa si son amigos, familia o incluso tu pareja, es básico que tomes acciones inmediatas para darle un cambio a la relación o depurarlos de tu vida.

  ¿Quiénes son? ¡Escríbelo a continuación!

  Recuerda este libro es tuyo y no para los ojos de los demás, aquí no hay prejuicios y todo se vale.

EL "PITY PARTY" DE MI VIDA ES:

1) _____ .
2) _____ .
3) _____ .
4) _____ .
5) _____ .

Si decides depurar a la gente de tu vida, solo hazlo. No hay nada que perder y muchas veces verás que tu vida y tus ventas serán mucho más alegres y efectivas sin ellos. Esto no es frio y no es cruel, esto es necesario para tu éxito y tu supervivencia.

Si decides trabajar en la relación para mejorarla, habla las cosas, define el problema y marca expectativas ante las cuales los dos puedan trabajar. Va a ser difícil y tienes en el pronóstico un mar de emociones encontradas pero, valdrá la pena.

Recuerda que **cambiar es difícil al principio, desordenado a la mitad e increíble al final.**

CAPÍTULO 15.

Justificarse: Naturaleza humana (No al conformismo).

"En la republica de la mediocridad, el genio es peligroso."

- Robert Green Ingersoll.

¿En qué punto alguien decidió que ser el mejor estaba mal? ¿En que momento empezamos a ver a la gente que hace todo por alcanzar sus objetivos como gente ambiciosa y desequilibrada?

Lo empezamos a hacer cuando esto nos intimido. En el momento que un vendedor alfa entra a la sala, los demás lo reconocen y los débiles retroceden y se justifican. Este mecanismo de defensa es parte de la naturaleza del ser humano.

¿No pudiste ser tú el número 1? ¡Eso no te da razón para justifícate y desacreditar a la persona que si lo logro! Cuando tu ego esta herido es cuando verdaderamente verás que tan buen vendedor eres. Cómo manejas todos los sentimientos negativos que salen de ti hace toda la diferencia entre un buen vendedor y un mal vendedor.

¿Te quedas resentido, justificas la perdida y te conformas?

Si haces esto no serás nada más que un conformista.

¿Utilizas ese enojo de forma positiva para analizar tus errores, reconocer las fortalezas de la competencia y cerciorarte que nunca más vuelvas a perder?

¡ESO! ¡Esa actitud es la que te hará salir adelante y seguir vendiendo.

Y acuérdate que lo que Juan dice de Pedro, dice más de Juan que de Pedro.

Hablar mal de alguien solamente te hace ver mal a ti.

Y si lo haces, saca la *Camisa Hawaiana* ya de paso.

RECAP:

- No justifiques tus fracasos, uno NUNCA pierde si uno NUNCA se rinde.

- Cualquier crítica que emitas habla más de tu persona que del objeto que criticas - ¡Cuidado con esto! Aprende a escuchar a tu subconsciente!

ACCIÓN:

* RETO #ZERONEGATIVIDAD .

La acción que tomarás hoy esta diseñada para darte a entender que no ganas nada siendo negativo.

Tu reto será el siguiente:

Por las siguientes 24 horas tienes estrictamente prohibido criticar, burlarte, ser sarcástico o hablar negativamente de cualquier cosa, persona u objeto.

Te invito a que intentes este reto y te recomiendo amarrarte un hilo al dedo de la mano para mantener esto en tu mente cada segundo del día.

Al final del día escribe los resultados del reto en una hoja de papel, tu blog o Facebook y compártelos con nosotros a través del hashtag #TodosVenden .

CAPÍTULO 16.

El Error Más Grande: Subestimar.

"Sí el plan no funciona, cambia el plan pero nunca el objetivo."

- Desconocido.

En la búsqueda del éxito no existe más que un error por el cual el 90% de la gente fracasa. Ese error es subestimar.

Tienes que evitar a toda costa tener estos dos problemas de subestimación, por que si los tienes el fracaso esta prácticamente asegurado:

1) **Subestimar la cantidad necesaria de trabajo que necesitarás para cumplir tus metas y...**

2) **Subestimar la cantidad de motivación que necesitarás extraer de tu visión de vida para lograr cumplir tus metas.**

Trabajo y motivación, la labor y la energía, tan fácil como eso.

¿Qué pasa si no calculas exactamente cuanto trabajo te costara realizar tus objetivos? Habrás trabajado 8 horas al día, 5 días a la semana por 50 años para quedarte muy lejos de tu visión original.

¿Y qué pasa si tu visión de vida no te motiva, no te emociona, no te apasiona? Vas a tirar la toalla antes de los 400 metros… ¡Y esto es una carrera de resistencia!

Por eso tienes que diseñar una visión de vida que te apasione y te mantenga despierto por las noches, y después, tienes que calcular exactamente cuanto trabajo te va a costar obtener esta visión de vida y que sacrificios estas dispuesto a hacer para conseguirla.

Recuerda que hacer cálculos sobre el futuro es solo una cosa: <u>Adivinar.</u>

No importa que tan respaldadas por datos estén tus adivinanzas, no dejan de ser una predicción que podría no ser acertada.

Y la mejor recomendación que puedes seguir a la hora de *adivinar* es estimar hacia arriba. Si tu objetivo son $100,000 dólares enfócate en producir $300,000, así si no llegas a la meta te aseguro estarás arriba de lo que necesitabas.

La única forma de no errar en las ventas y en tu camino al éxito es dando 10 veces el esfuerzo que el promedio normalmente da.

Uno de mis más grandes mentores, *Grant Cardone,* un millonario de bienes raíces Americano, tiene todo el crédito por enseñarme la efectividad atrás de esa frase.

Y en cuanto a estimar la cantidad de motivación que necesitarás extraer de tu visión de vida, eso lo veremos en el capitulo 21 (Visión de vida y Objetivos).

RECAP:

- No subestimes la cantidad de trabajo que necesitarás para cumplir tus objetivos y visión de vida, ¡Estima hacia arriba! ¡Si quieres MIL, persigue UN MILLON!

- Diseña una visión de vida que te apasione.

ACCIÓN:

- Reflexiona.

Toma 10 minutos de tu día y reflexiona cuantos de tus rechazos por parte de clientes se han debido a la falta de esfuerzo de tu parte.

Identifica al menos 3 casos y reflexiona que pudiste haber hecho distinto.

REFLEXIONA:

Cliente #1 que dijo que NO :

_____.

¿Qué pude haber hecho diferente? :

_____

_____

_____

_____

Cliente #2 que dijo que NO :

_____

¿Qué pude haber hecho diferente? :

_____

_____

_____

_____

Cliente #3 que dijo que NO :

_____

¿Qué pude haber hecho diferente? :

_____

_____

_____

CAPÍTULO 17.

La Ética de un Vendedor.

"Decir la verdad y hacer a alguien llorar es mejor que decir una mentira y alegrarles el día"

– Paulo Cohelo.

Ya hablamos sobre los errores de los vendedores mediocres, o *Camisas Hawaianas,* y mencionamos que tienden a ver a la verdad como un inconveniente. Sin embargo este es un punto tan importante dentro de la psicología, dentro del mindset, de un vendedor que tenemos que establecer reglas más claras.

¿Quieres saber si estas siendo ético?

ACCIÓN:

Responde las siguientes preguntas:

- ¿Consideras que a veces esta permitido mentir en una venta?
- ¿Consideras que a veces esta permitido omitir información en una venta?
- Si no sabes la respuesta, ¿La inventas o aceptas no saber?
- ¿Tu producto sirve como lo promueves?
- ¿Comprarías tu el producto que estas promoviendo?
- Si, si, ¿Por qué no lo has comprado todavía?

Si tu respuesta a la primera pregunta (¿Consideras que a veces esta permitido mentir en una venta?) es cualquier otra cosa que no sea NO. Lamento decirte que estas equivocado.

No hay razón alguna que justifique mentirles a tus clientes. No solo es una falta de ética si no que es un crimen y si uno de ellos es inteligente te descubrirá y perseguirá de forma penal. Con justa razón.

No entraremos a detalles con las demás preguntas pero son una excelente manera de comprobar el nivel de ética de un vendedor, ¡Úsalas!

Y recuerda, todos los productos tienen objeciones pero los excelentes vendedores no tienen la necesidad de mentir.

RECAP:

- Hagas lo que hagas, no mientas u omitas información relevante a tu cliente, te perseguirá hasta el final de tus días.

CAPÍTULO 18

Neurosis: Nada es Aleatorio.

"Algunas personas crean sus propias tormentas y se enojan cuando llueve."

- Desconocido.

Uno de los libros que más ha marcado en la vida, fue "The Road Less Travelled" (El Camino Menos Transitado) del psiquiatra Americano, Scott Peck.

Dentro del libro, el Dr. Peck describe dos trastornos del ser humano que se generan a través del sentido de la responsabilidad. El Dr. Peck describe a los neuróticos como gente que asume demasiada responsabilidad sobre el mundo y sus acciones, y describe a la gente con trastorno de carácter como las personas que tienen muy poco sentido de responsabilidad sobre el mundo y sus acciones.

Tengo que decirte, que si tienes este libro en las manos, que si has leído hasta este capítulo, que si te tomaste la molestia de aprender quien soy y de buscar mejorar tu habilidad para vender...

<u>Estas del lado de los neuróticos.</u>

¡Bienvenido!

¡Y no te asustes! No todo es como lo pintan, 99% de los logros más grandes del mundo han sido gracias a gente que fue catalogada como: Obsesivos, maniacos, locos, intensos, adictos al trabajo, neuróticos, etc. Si no me crees lee un poco sobre Steve Jobs, Mark Zuckerberg, Napoleon Bonaparte, etc.

¿Quiénes son los que han dado un mal estigma a términos como la obsesión, la neurosis y la intensidad? ¡La gente que se rindió y se justifico! ¡Esa misma gente que ahora busca que tu seas como ellos!

Ser neurótico conlleva muchos beneficios como vendedor. Somos los vendedores que hacemos que las cosas sucedan, no dejamos nada a la suerte, tomamos acción, ponemos atención a los detalles y dirigimos nuestra motivación hacia realizar nuestros objetivos de manera rápida y ágil. Tenemos altas expectativas y nos gusta perseguir nuestros objetivos hasta el final.

Pero como todo en esta vida, la neurosis tiene sus defectos.

Un neurótico, como yo, puede llegar a saturarse, a deprimirse, a tener problemas para delegar y a perder el foco y la importancia de su *"Realidad Base"*.

En mi historia personal, el mayor problema que tuve con mi neurosis ha sido el de controlar mi nivel de exigencia hacia mi mismo. Hace un par de años tuve momentos de mucho stress (¡MUCHO STRESS!) al borde de querer tirar la toalla, rendirme y mudarme de regreso con mis padres.

Tenía expectativas enormes de lo que quería lograr en relación a mi vida sentimental, a mi vida profesional, a mi educación... ¡A todo! Quería ser el súperman de la productividad.

Pero después de tocar fondo y a través de terapia, aceptación y mucho trabajo personal logré aprender que el dar tu 110% y el aceptar que no todo saldrá a tu manera es la clave para el éxito.

De nada sirve frustrarte y tomarte personal el fracaso cuando es parte integral del juego.

Sin lo amargo lo dulce no tendría sabor.

Sin embargo, como vendedores tenemos que saber que nadie hará el trabajo sucio por nosotros. Tenemos que abrazar (y controlar) esa neurosis de tal forma que nos impulse a sacar lo mejor de nosotros mismos.

Es un balance delicado pero es elemental por que, lamento romperte la burbuja, ¡Nadie te quiere ver triunfar más que tu! (*y tus papás... ¡Y eso a veces!*). En esta vida nada es gratis, tienes que agregar valor para recibir valor. Tienes que practicar el dar, el dar y el dar para poder recibir algo a cambio.

Tienes que saber que tu eres la única persona que podrá hacer que las cosas sucedan y cuando tu éxito ya tenga algo de *momentum* podrás contratar a más gente a la que le venderás tu visión de vida y quienes te ayudarán a construir tus sueños.

Pero en especial al principio, si esperas que alguien te ayude sin tú dar nada a cambio…

Vas a esperar por mucho tiempo.

RECAP:

- Abraza tu neurosis, los mejores vendedores lo somos.

- La línea entre exigirte lo suficiente y exigirte demasiado es delicada pero necesaria para llegar al éxito. Todo esta en juego.

ACCIÓN:

- Identifica los beneficios de tu neurosis.

  A continuación escribe las 5 mejores y peores cosas que te suceden al buscar tener control, ser responsable, obsesivo y neurótico con tu profesión como vendedor:

5 COSAS POSITIVAS SOBRE MI NEUROSIS.

_____

_____

_____

_____

5 COSAS NEGATIVAS SOBRE MI NEUROSIS.

_____

_____

_____

_____

Analiza los pros y los contras y formula estrategias para aminorar el lado negativo de tu neurosis.

CAPÍTULO 19

Dress For Success: Como te ves, te tratan.

"Sí te ves bien, te sientes bien y sí te sientes bien, te va bien."

- George St. Pierre.

Seamos realistas, vivimos en un mundo superficial.

Ropa de marca, autos, viajes, resorts, chefs, relojes... Todo va más allá de lo funcional y pagamos precios ridículamente altos por la exclusividad, la vanidad y el glamour (¡De eso nos encargamos los vendedores!).

Uno no se gasta $7,000 dólares por un reloj para poder ver la hora, uno se gasta $7,000 dólares por un reloj para que la gente lo vea usándolo. Nos gustan las cosas bonitas, nos gustan las cosas que se parecen a nosotros y esto aplica tanto en relojes como en la gente.

Nuestra superficialidad se expande hasta con la gente con la que nos llevamos y con la que hacemos negocios. Como nos vemos, nos tratan.

Como te ves físicamente suele ser un factor definitivo a la hora de abrirte puertas o conseguirte primeras citas (en los negocios y en el amor).

Y no necesariamente tienes que ser más guapa que Emma Watson o más galán que Adam Levine, pero si tienes que invertir en como te ves para que te traten, pues, ¡Como te ves!

Pareciera que esto es simple sentido común... ¡Pero hay cientos de personas que al parecer no conocen o deciden ignorar la importancia de verse bien! Y también... El sentido común luego es el menos común de los sentidos.

Dependiendo de lo que vendas y a quien le vendas, variará tu forma de vestir, sin embargo, siempre utiliza algo que te acomode.

Fuera de eso, aquí tienes un par de reglas básicas para no errar de ninguna forma:

Regla #1 de Apariencia Personal:

- *Vístete acorde a la industria, la gente y la ocasión.*

  ¿No sabes cuál es el código de vestir? ¡Averigua! Pregunta e investiga. Siempre usa ropa con la que te sientas cómodo/cómoda, pero asegúrate que sea ropa que vaya acorde a la situación. No te pongas un traje que grite "¡VENDEDOR!" a una reunión social más relajada, no llegues con la ropa arrugada, manchada o la camisa desfajada. ¡Sentido común señores! No hay nada peor que llegar a una reunión de startuperos Californianos en un traje Gucci o llegar con falda corta a una reunión de señoras fifís.

Regla #2 de Apariencia Personal:

- *Carga con un kit de higiene personal.*

Aun peor que ir mal vestido es ir mal bañado. Por lo mismo te recomiendo siempre llevar un pequeño kit de higiene personal contigo. Cepillo de dientes, pasta de dientes, palillos, chicles, gel, loción o perfume y desodorante como mínimo. No hay nada que mate una venta más rápido que un vendedor con mal aliento. Me mareó de solo pensarlo.

Regla #3 de Apariencia Personal:

- *Invierte en tu apariencia.*

No tiene que ser ropa necesariamente cara pero ten en cuenta que la ropa tiene un ciclo de vida y la camisa de tu graduación de secundaria, aunque todavía te quede, ya se ve deslavada. Sal de shopping de vez en cuando.

Regla #4 de Apariencia Personal:

- *Que tu look no hable más fuerte que tu mismo.*

A menos que vendas tatuajes, conciertos de punk rock o mercancía de una banda de rock – Mantén tu look conservador. Así como no le daría mi dinero a un *Camisa Hawaiana*, tampoco se la daría a alguien con un mohicano y tres aretes en la nariz.

Preocuparte por tu apariencia personal no solo es una muestra de respeto hacia tu cliente, si no que es una muestra de respeto hacia tu persona. ¿Cómo esperas que alguien invierta dinero en alguien que no invierte ni un par de dólares en verse bien durante su horario laboral?

Y como los Americanos dicen…

<u>Dress for Success!</u>

RECAP:

- Tu apariencia personal e higiene personal son básicos para abrir oportunidades de negocios.

- ¡Eres lo más preciado que tienes! ¡Invierte en tu apariencia!

- Si quieres mejorar como te sientes por dentro, mejora como te ves por fuera.

ACCIÓN:

- Ve de shopping, cómprate algo bonito y elegante a los ojos de tus clientes.

  Si. Así de sencillo, *¿Te encantó esta acción verdad?*

CAPÍTULO 20

Tu lenguaje corporal.

*"El lenguaje corporal es una herramienta muy poderosa,
¡Tuvimos lenguaje corporal mucho antes de tener palabras!"*

- Deborah Bull.

93% de la comunicación es no verbal.

¡WOW! ¿Entonces solo un 7% de lo que comunico con mi cliente son palabras?

¡Correcto! Acorde al Dr. Albert Merahbian, autor del libro "Silent Messages" (Mensajes Silenciosos), solamente 7% de la comunicación son las palabras que dices, 38% de la comunicación viene de la tonalidad que uses y otros elementos auditivos y 55% viene de factores no verbales (gestos, postura, expresiones faciales, etc.).

Por lo mismo, creo que valdría la pena dedicar algo de tiempo al estudio de lo que un vendedor debe evitar hacer en términos de lenguaje corporal durante una presentación de ventas o cita de negocios.

Tocarte la cara – Aparte de ser considerado como un ataque a las buenas costumbres y la etiqueta, tocarte la cara (cualquier parte) inspira desconfianza en tus clientes.

Hombros no alineados a los de tu cliente – Mientras menos alineados y mas lejanos tus hombros con los de tu cliente más reflejas un nivel bajo de interés en ellos. Pasa lo mismo con el ángulo en el que estén tus pies conforme a la otra persona cuando hablas con alguien parado.

Rascarse la cabeza - ¿No veías caricaturas de pequeño? Rascarte la cabeza es una clara señal de que tienes serias dudas sobre lo que estas diciendo, en especial, rascarse la parte de atrás de la cabeza indica inseguridad.

Brazos cruzados sobre el pecho – Alarma roja en todos los niveles. Tu cliente podrá pensar una variedad de cosas de la A a la Z; que estas siendo defensivo, que escondes algo, que estas de mal humor, que no le agradas, etc. etc.

No respetar el espacio personal de tu cliente – Tu espacio personal comienza después del momento en cuanto le das la mano a alguien. Yo recomiendo un metro de distancia para ambientes casuales, sin embargo, te recomiendo utilices la burbuja de Edward T. Hall como referencia al tema (GOODIES).

Hacer el amor con tu teléfono – La falta de respeto más grande en esta era; ver tu teléfono constantemente refleja falta de atención y respeto. Si sacas tu teléfono durante una reunión de negocios o una venta, más vale que verdaderamente sea una emergencia o tu esposa diciéndote que ganaron la lotería… Por que no vas a vender.

Ser demasiado rígido – Parecer venado en medio de la carretera nunca ayudo a nadie ¡No te congeles! Tu lenguaje corporal debe de ser relajado y sutil. Mejor tener un par de errores que dar la impresión de frialdad o de estar aterrorizado.

Hacer contacto visual – Los ojos son una ventana hacia el alma de la otra persona. No hacer contacto visual con tu cliente refleja inseguridad y desconfianza. Tu contacto visual debe ser cálido y amable, no tenso, fijo o plenamente malvado como de caricatura. Relax.

Tu expresión facial – Debe de ser natural. Cualquier cosa que quieras enfatizar con la expresión de tu rostro debe de ser autentica. Los errores más comunes en esta área son las sonrisas falsas y el ceño fruncido.

ACCIÓN:

Lo más recomendable para poder realizar una "auditoria" de cómo manejas tu lenguaje corporal es que te grabes haciendo una presentación.

Agarra la cámara de tu celular y grábate de cuerpo completo leyendo un panfleto publicitario como si lo intentaras vender. Después revisa el video junto con otra persona, amigo o familiar. Entre los dos analicen tu lenguaje corporal; como estabas parado, que hacías con tus manos, si te balanceabas o no, hacia donde veías, como sostenías tu expresión facial, como entonabas las palabras, etc. Revisa todos los puntos que acabamos de ver en este capítulo.

Este ejercicio te dará una muy buena idea de las cosas que necesitas cambiar. Te darás cuenta que por lo general son cosas muy obvias que con solamente notarlas una vez y hacer conciencia de ellas, podrás cambiarlas sin dificultades.

Te recomiendo fuertemente que revises no solo el lenguaje corporal si no tu entonación, velocidad al hablar, muletillas que puedas estar usando y la claridad de tu voz. Todos estos puntos son importantes a la hora de comunicarte con tus clientes.

Y ten en mente que si quieres entender mejor a tu cliente, tienes que…

Escuchar lo que no se esta diciendo.

RECAP:

- Solo un 7% de lo que dices son palabras, el resto es lenguaje corporal y la tonalidad que uses.

- Haz una auditoria de tu lenguaje corporal.

GOODIES:

- Revisa el circulo de la distancia personal de Edward T. Hall aquí:http://www.urzua.mx/distancia-personal-y-la-proxemica/

CAPÍTULO 21

Motivación.

"Para ser un campeón tienes que creer en tí cuando nadie más lo haga."

- Sugar Ray Robinson.

Si tuviéramos que nominar a un MVP (Most Valuable Player o Jugador Más Valioso) de todas las partes que componen el la mente de un vendedor, sin duda alguna tendríamos que nominar a la *motivación.*

¿Te acuerdas de ese amigo de la primaria que tiene todo para ser exitoso para solamente juega Xbox en el sótano de sus padres?

Le falta motivación.

¿Qué tal aquel estudiante que es súper inteligente pero nunca estudia para los exámenes?

También le falta motivación.

Estar motivado es un factor que si no esta presente, hace todas las demás cualidades inútiles a la hora de querer ponerlas en acción.

¿Pero qué es la motivación en si?

La motivación es un conjunto de factores internos y externos que estimulan el deseo en un individuo para estar continuamente interesado en un esfuerzo, objeto o situación.

La motivación se construye de la mezcla de cientos de factores dentro de tu mente. Estímulos internos como tus valores, prioridades y gustos y estímulos externos como recompensas, expectativas sociales y condicionamientos.

¡La motivación tiene un algoritmo más difícil de descifrar que el de Google!

Y existen decenas de diferentes teorías para explicar de donde proviene la motivación y como es que uno puede generarla u obtenerla. Si quieres investigar a detalle te recomendaría que leyeras más sobre: la teoría del instinto, la teoría psicoanalítica y la teoría humanista. No iremos a tanto detalle ahorita por que te me dormirías en este mismo instante.

Pero lo que verdaderamente tienes que saber como vendedor, es que la motivación es un concepto diferente para cada ser humano.

A algunos vendedores los motiva el dinero, a otros ser el #1, a otros el reconocimiento en publico y a otros la mirada de sus hijos por la mañana.

Sea cual sea el factor que genere tu motivación tienes que saber que los verdaderos vendedores no dependen de estímulos externos (competencias, spiffs, concursos, incentivos, etc.) para poder vender. ¡Claro! Son un excelente regalo extra pero un buen vendedor no depende de ellos para ser el #1.

¡La competencia externa claro que motiva! Pero motiva temporalmente. ¡La competencia interna es un fuego que arde por siempre!

Dime contra quien compites y te diré quien eres.

Es por eso que los excelentes vendedores tienen una tendencia fuerte a competir más contra sus propias expectativas que contra sus compañeros. No dependas de tener compañeros motivados para dar lo mejor de tí.

La motivación también va fuertemente de la mano con el bienestar integral que tu tengas como persona. No esperes sentirte al 110% si trabajas todo el día y nunca haces ejercicio, no esperes que tu trabajo fluya con facilidad si has descuidado a tu familia y a tu pareja, la motivación así como el éxito son integrales y fluyen mejor cuando hay armonía en las diversas áreas de tu vida.

RECAP:

- La motivación es un conjunto de factores internos y externos que estimulan el deseo en un individuo para estar continuamente interesado en un esfuerzo, objeto o situación.

- ¡La competencia interna es un fuego que arde por siempre!
- La motivación fluye cuando hay bienestar íntegro o necesidad urgente.

ACCIÓN:

- Responde y reflexiona.

¿Cuáles son los elementos que me motivan a dar el 110% de mi persona todas las mañanas?

_____

_____

_____

_____

_____

Ahora, escribe 3 mantras de éxito para recordarte por que haces lo que haces todos los días. Estos mantras tienen que mencionar alguna de las fuentes de motivación que mencionaste en la parte de arriba y las debes de utilizar y repetir en tus pensamientos cada que necesites canalizar esa motivación.

Ejemplo.

"El <u>reconocimiento</u> me motiva a ser el #1"
"Los ojos de mi <u>hija</u> me recuerdan la razón por la que vendo"
"Soy un hombre/mujer que se <u>supera</u> día a día!"

Mis Mantras de Éxito:

_____

_____

_____

_____

_____

_____

CAPÍTULO 22

Visión de vida y objetivos.

"Cualquier persona que tenga como objetivo "llegar a lo alto" debe estar listo para algún día sufrir de vértigo. ¿Qué es el vértigo? ¿El miedo a caer? No, es mucho más que eso. Es la voz del vacío bajo nosotros que nos seduce y tienta a caer. La voz contra la cual, aterrorizados, nos defendemos" – Milan Kundera.

Por años me responsabilice del reclutamiento del área de ventas para una de las empresas más grandes de hospitalidad en el mundo y fue una lección de vida impresionante:

Los recursos humanos no son fáciles… y menos con vendedores.

¿Por qué? ¡Por que una entrevista no es nada más que una presentación de ventas de ti mismo! Y cuando entrevistas vendedores, te intentan (algunos de pésima forma) dar a cucharadas lo que piensan que quieres escuchar.

Pero hay una pregunta que mata el *bluff* de hasta el mejor vendedor:

¿Dónde te ves personal y profesionalmente en los siguientes 5 a 10 años?

¡Es una pregunta básica! ¡Lo se! Pero el 99% de las respuestas que he escuchado son:

"¡Trabajando en tu empresa!"

"¡En tu puesto!"

"¡Siendo exitoso en el puesto para el que aplico!"

¿Y por qué digo que esto rompía el *bluff* del candidato?

¡Por qué todos se olvidaban de mencionar donde se veían personalmente!

Aun cuando indagaba más y hacia la pregunta directa, muy pocos candidatos podían definir donde querían estar personalmente en 5 o 10 años a futuro. ¡Ni siquiera respuestas vagas!

<u>Y si no puedes tú contestar esa pregunta.. ¿Quién puede?</u>

Tener una visión de vida clara es un elemento llave para poder mantenerte auto-motivado, lleno de energía y corriendo en la dirección correcta. Sin una visión de vida ¿Hacia donde vas?

Ahora, por que creaste tu propia definición de éxito en el capítulo 5 ya cuentas con una idea exacta de lo que el éxito es para tí y sabes cuales son tus prioridades en la vida. Este fue el primer paso para que ahora podamos diseñar una visión de vida increíble.

Recuerda que tu definición de éxito es una cosa y tu visión de vida es otra totalmente distinta. Tu definición de éxito te aclarara la mente para poder definir que quieres de la vida, en cambio, tu visión de vida te ayudará a marcar los pasos para conseguir el éxito que ya definiste. Son complementarios y secuenciales pero no lo mismo.

Para empezar a diseñar tu visión de vida te recomendaré seguir el mismo procedimiento que yo aplico y utilizo de forma diaria. Es importante que sepas que si vas al Internet y buscas sobre este tema cada persona, "gurú" o individuo tendrá una técnica diferente. En mi opinión algunas demasiado rebuscadas, por lo mismo mi método es muy sencillo.

ACCIÓN:

Nota: ¡Vas a necesitar lápiz y papel! O aún mejor, descarga la tabla de Excel (revisa los GOODIES).

1) Define que quieres lograr en 5, 10 y 20 años en lo profesional, emocional, espiritual, físico y económico.

   Ahora si, es momento de ser especifico. Ten tu definición de éxito a un lado de ti y consúltala con cada palabra que escribas para asegurarte que lo que quieras lograr en la vida sea congruente con lo que tú consideras exitoso.

   Siéntete libre de agregar alguna otra área que sea muy importante para tí. Por lo general los factores profesionales, emocionales, espirituales, físicos y económicos suelen cubrir todo pero por ejemplo si para ti un objetivo de vida es ser el mejor cocinero amateur de tu ciudad, podrías agregar eso.

¡Es tu vida! ¡Tú decides!

Para hacer esto aún más sencillo de entender, abajo adjunto un ejemplo:

	¿Qué puedo hacer HOY?	5 Años	10 Años	20 Años
Profesional	Llamarle a 50 prospectos. Revisar mi estrategia comercial.	Que mi empresa rebase los 100,000 clientes satisfechos.	Que mi empresa cotice en la bolsa de valores de Nueva York.	Haber vendido mi empresa y comenzado un nuevo emprendimiento.
Emocional	Hacerle de cenar a mi pareja, disfrutarla y demostrarle cuanto vale para mi.	Estar casado con la mujer de mis sueños, trabajando por crear una relación de amor y apoyo a diario a través de conocerme bien a mi mismo.	Tener hijos con la mujer de mis sueños y crear una familia. Procurando mi bienestar emocional para poder apoyarlos.	Tener hijos responsables, felices y fieles a si mismos. Tener una pareja a quien pueda servir y apoyar de forma diaria y una relación donde el amor y el apoyo sea prioridad.
Espiritual	Meditar 20 minutos. Reservar un retiro espiritual para este año.	Haber meditado constantemente (al menos la mitad del año) por algún periodo de tiempo. Haber asistido a 3 retiros espirituales.	Meditar de forma diaria y pasar esta herramienta a mis hijos y familia.	Lograr ayudar al mundo a través de mi experiencia espiritual y guía.
Físico	Correr 10 kilómetros y diseñar un menú saludable para toda la semana.	Correr un maratón y hacer ejercicio 5 veces a la semana. Cuidar mi alimentación a diario.	Hacer un Iron Man. Hacer ejercicio 5 veces a la semana. Cuidar mi alimentación a diario.	Romper un record mundial en algún deporte. Hacer ejercicio 5 veces a la semana. Cuidar mi alimentación a diario.
Económico	Llamar a 50 prospectos para mi empresa hoy. Revisar la escalabilidad de mi negocio.	Tener $1,000,000 de dólares en efectivo.	Tener $10,000,000 de dólares en efectivo.	Tener $100,000,000 de dólares en efectivo.

Esta tabla va a ser tu herramienta principal para verificar que vayas por buen camino en la vida de forma diaria. ¡Tienes que revisar esta tabla y actualizar la columna de "¿Qué puedo hacer hoy?" ¡todos los días!

Hacer esto te permitirá aclarar tus prioridades para el día de hoy y nunca perder foco de donde quieres estar. Recuerda que todos tus objetivos a cualquier plazo de tiempo tienen que tener una carga emocional fuerte. Tienen que ser objetivos que te emocionen, ¡Atrévete a soñar e ignora las excusas que tu mente ponga en tu camino!

Y como siempre, recuerda que el éxito cambia y si algún día te ves en la necesidad de cambiar un objetivo primero pregúntate:

¿Por qué quiero cambiar este objetivo?¿Verdaderamente lo quiero cambiar? ¿Ya no deseo los beneficios que trae? ¿O solamente perdí la motivación? ¿Qué me hizo perder la motivación? ¿La puedo recuperar?

Si todas estas preguntas te confirman que ese objetivo ya no es prioridad, bórralo, elimínalo y crea una nueva visión.

¡Ahora tienes una visión de vida!

¡Ya sabes con que objetivo estas vendiendo y tu motivación no dependerá de nadie más que de tí!

¡Felicidades!

RECAP:

- ¿Sí tú no sabes la razón por la cual vendes? ¿Quién sabe?
- Definición personal de éxito + Visión de vida = Un camino concreto sobre el cual construir, vender y lograr todos tus objetivos.
- ¡Diseñar tu visión de vida es sencillo y fácil!

GOODIES:

* Obtén tu Organizador de Visión de Vida aquí:
http://www.urzua.mx/organizador-de-vision-de-vida-3/ .

FASE 3: EL MINDSET DE TU CLIENTE.

(Entiende su mente y cierra la venta)

CAPÍTULO 22

80% humanos, 20% producto.

"El regalo más grande del ser humano es tener el poder de la empatía."
- Meryl Streep.

Si tuviéramos que agarrar el cerebro de un vendedor y dividir exactamente que porcentaje debe dedicar al almacenamiento del conocimiento, tendríamos que dejar un 80% del espacio para almacenar conocimiento sobre el ser humano y un 20% de conocimiento sobre el producto.

No importa si vendes quesos, seguros, casas, tiempo compartido, autos, aviones o tours, (no estás en esa industria), estás en la industria de los seres humanos y para poder estar en esta industria tienes que enfocarte en ellos. Tienes que preocuparte por ellos y querer lo mejor para ellos.

Por esto mismo toda la fase 3 de este libro está diseñada para que aprendas y conozcas los patrones de comportamiento que hacen tan irracional, emocional y maravilloso al ser humano parado en el rol del "cliente". Al mismo tiempo aprenderás a usar estos patrones para venderles y mejorar el grosor de tu cartera. ¡Toma nota y aplica todo!

Acuérdate que puedes conocer tu producto al 100% y saber cada detalle de él pero si no sabes como funciona la mente del ser humano, ¡No vas a poder vender!

RECAP:

- Estás en la industria del ser humano, no de tu producto.

ACCIÓN:

- ¿Sigues aplicando todos y cada uno de las acciones del libro cierto?
  ¡Solo de eso depende tu crecimiento! ¡Aplícalo y practica!

CAPÍTULO 24

Comunicarte con tu cliente (filtros).

> *"Pierde tu ego y encuéntrate a ti mismo"*
> *- Debra Roberts.*

La comunicación es muy difícil.

Es la razón principal de muchos problemas, incluidos divorcios, guerras y peleas a muerte entre borrachos en un bar. La mayor parte de los humanos no sabemos expresar que es lo que queremos o sentimos y tampoco sabemos escuchar a los demás y entender su punto de vista.

Y todo esto se debe a nuestro viejo amigo, el EGO.

Para un ser humano lo más importante es el mismo. No tú, no tus planes, platicas e ideas del mundo, si no él, sus sueños e iniciativas.

Y de tu habilidad para entenderlo depende tu habilidad para vender.

Un punto muy importante para poder empezar a ser empático con tus clientes y verdaderamente ponerte en sus zapatos, es que entiendas que son los filtros de la comunicación.

Y utilizaré un ejemplo claro de mis años en tiempo compartido para poder enseñarte esto.

Va un vendedor caminando por el hotel con un huésped durante la presentación.

"Y cuando viaja Sr. Pérez, ¿Cuántos días viaja por lo regular?" Preguntó el vendedor.

"Pues viajo en periodos cortos siempre, 2 o 3 noches a lo mucho" Respondió el Sr. Pérez.

Aquí, el vendedor promedio, inmediatamente asumiría que debido a que su programa de tiempo compartido solo permite reservaciones de semanas enteras, el cliente va a tener esta objeción. El hace esta asunción por que en repetidas ocasiones le ha ocurrido, por que su experiencia se lo dicta.

En cambio un vendedor excelente, no asumiría nada, no filtraría la información a través de sus experiencias y seguiría preguntando:

"¡Como cree Sr. Pérez! ¿Y por qué viajes tan cortos?"

"Uy, por el trabajo más que nada, pero pronto me retiro y ya será tiempo de descansar un poco más".

¡Ca-ching! ¡Ca-ching!

El aire huele a dinero y todo es hermoso por que acabas de saltar una objeción enorme que te hubiera costado energía y tiempo con tan solo preguntar un poco más.

Entonces, recuerda que en todo proceso de comunicación tú estás filtrando lo que la otra persona te dice a través de tus experiencias personales y en ventas, no puedes permitir que los filtros te envíen por la dirección equivocada.

<u>Nunca asumas nada, siempre pregunta.</u>

RECAP:

- Cada ser humano filtra la comunicación acorde a sus experiencias de vida.

- Nunca asumas, siempre pregunta.

ACCIÓN:

- Identifica 3 ocasiones donde asumir te haya costado una venta. Luego identifica que información necesitabas tener y que pregunta te la hubiera otorgado.

Ocasión #1:

_____

_____

¿Qué pregunta me hubiera ayudado a salvar la venta?

_____

_____

Ocasión #2:

_____

_____

¿Qué pregunta me hubiera ayudado a salvar la venta?

_____

_____

Ocasión #3:

_____

_____

¿Qué pregunta me hubiera ayudado a salvar la venta?

_____

_____

¡Utiliza estos casos para identificar tus errores repetitivos y a partir de hoy siempre pregunta!

CAPÍTULO 25

Compran por emoción, justifican con lógica.

"Podremos ser maestros de nuestros pensamientos pero siempre seremos esclavos de nuestras emociones."
- Desconocido.

Probablemente todavía te acuerdes de tu maestra de la primaria cuando te dijo que la diferencia entre el ser humano y los animales es nuestra muy desarrollada habilidad de razonamiento.

Esa famosa habilidad de razonar es la que nos hace analizar que acciones son buenas o malas, clasificarlas y así protegernos. Es la misma que nos hace buscar mejoras dentro de nuestra existencia y atajos para vivir más protegidos y más cómodos.

Pero si tuviéramos que definir al ser humano con una sola palabra, no utilizaría "racional" por ningún motivo.

Por que aunque seamos un poco más adelantados que otro tipo de animales,

¡Seguimos siendo una especia sumamente ilógica e irracional!

Y somos irracionales gracias al factor que verdaderamente nos caracteriza:

Que somos seres emocionales.

Las emociones son el *override* de la lógica. Cuando las emociones entran en la ecuación la lógica suele pasar a segundo plano. Por esa misma razón tuviste una relación de larga distancia a los 16 años, por esa misma razón el Sr. Martínez apostó su casa en el casino y exactamente por esa razón Kim Kardashian se puso implantes en el trasero.

Actuamos de forma ilógica por como nos sentimos, por como nos hacen las cosas sentir o por como creemos que nos harán sentir.

¿Y qué es una venta si no un intercambio de emociones? ¿Un intercambio de energía de una persona a otra?

Cuando aprendes a transmitir emociones en la gente es cuando aprendes a vender.

Y con eso llegamos a la lección de este capítulo:

La gente compra por razones emocionales y justifica por lógica.

La gente siempre compra por razones emocionales.

La gente compra por el: como me hizo sentir el vendedor, como me sentiré cuando me vean mis vecinos en este auto o con esta ropa o con este reloj, como fluirá la creatividad dentro de mi cuando tenga esa nueva Macbook... ¡Los sentimientos son todo!

Van a haber momentos donde tengas un cliente sumamente lógico y va a querer que todo le haga sentido matemáticamente para comprar. En esos casos, apóyalo, enséñale los números pero nunca te olvides que la gota que derramará el vaso de tarjetas de crédito es la emoción.

Todos nos queremos sentir bien, todos queremos ser mejores y que la gente lo reconozca.

Y si tu producto me da eso, lo voy a comprar ahorita.

¿Cómo te aseguras de transmitir emociones a tus clientes?

A través de imágenes, historias, la tonalidad de tu voz, detalles, descripciones, ejemplos, elementos visuales, videos, etc.

¡Todo lo que pueda ingerir por los ojos y oídos causa emociones!

Es tu trabajo que estas emociones sean positivas y promuevan la compra.

Una vez entendido esto, vamos al otro lado del asunto: Días después cuando tu cliente ya te compró.

Tu cliente te compró en un *rush* de adrenalina, emociones, felicidad e ilusión.

Días después este *rush,* esta dosis de buenos sentimientos, va a caer. De repente lo "nuevo" ya es "viejo" y mi querido vendedor no esta aquí para volverme a hacer sentir las razones por las cuales compre este producto.

¿Qué pasa ahí?

Tu cliente buscará justificar su compra con lógica, con datos e información.

Nadie quiere verse como un tonto con una decisión de compra, nadie se quiere arrepentir de una decisión financiera y es tu trabajo darle a tu cliente la suficiente información impresa, en audio, video, ¡en lo que sea! para que días después el solo justifique su compra.

Al sentimiento de arrepentirse de una compra le llaman en inglés "*Buyers Remorse*" o "La Culpa de la Compra" en español.

¿Y como le hago para evitar el "Buyers Remorse" y que mi cliente no quiera cancelar?

Doy seguimiento y doy información suficiente para justificar su decisión y el precio que pago.

Y aun más importante: Le vendo un producto que verdaderamente le sirva.

En esta fase la reputación de tu producto es muy importante ya que nada quema una venta más rápido que una mala reputación en línea.

Nada asusta más a un cliente que ver a su amada compra destrozada en mil pedazos en internet con historias de terror.

¡Cuida tu reputación, da seguimiento y provee información que justifique la compra!

RECAP:

- Tu cliente compra por emoción y justifica con lógica.

ACCIÓN:

- Diseña un plan anti-cancelaciones.

  Diseña un plan anti-cancelaciones para tu producto. Los planes más efectivos siempre son los que siguen una estructura de puntos de contacto después de la compra entre el vendedor y el cliente.

  Una simple llamada de agradecimiento y retroalimentación unos días después, enviar un regalo de agradecimiento por la compra, asistencia con la instalación y el primer mes de servicio, reportes semanales de resultados, etc. etc.

  Encuentra una manera de proveer la información que necesita tu cliente para justificar la compra aun cuando la emoción inicial ya no este.

CAPÍTULO 26

VISUALES: No le digas, muéstrale.

"La credibilidad es una herramienta básica de supervivencia."
- Rebecca Solnit.

Acéptalo, tu cliente no confía en ti.

No tiene ninguna razón para hacerlo, eres un vendedor y lo único que quieres es su dinero ¿Correcto? ¡Estás tras sus huesos y harás todo para abrir su cartera y sacar hasta el último centavo! ¡Eres malo y prepotente!

¿Correcto?

Probablemente no (Y si sí, vuelve a leer el capítulo 7 por favor) pero esto es lo que tu cliente piensa de ti antes de conocerte.

Por naturaleza, tu cliente va a llegar a la defensiva y no va a confiar en ti y en tus palabras.

¿Pero sabes en que si va a confiar tu cliente?

En todo lo que pongas por escrito.

Al tener algo por escrito una empresa o persona puede ser responsabilizada por el producto que promueve y vende. Es una gran responsabilidad como vendedor, sin embargo, es lo mínimo que puedes hacer para cuidar a tu cliente y hacerle sentir seguro sobre lo que esta haciendo.

La gente es muy visual y asigna mucho valor a las cosas por escrito, por esta misma razón, tienes que tener todo, todo lo que prometes por escrito.

¡Y no a lápiz o pluma! Impreso en papel membretado de buena calidad con tu logo, nombre y todo lo que puedas hacer para darle formalidad al asunto.

No pierdas ventas por no tener las cosas por escrito.

RECAP:

- La gente confía en lo que tienes por escrito no en tus palabras.

ACCIÓN:

- Revisa toda la papelería de tu producto.
  Asegúrate de tener un stock amplio y que nunca haga falta.

CAPÍTULO 27.

El EGO de tu cliente.

"Todo lo que se necesita para deshacerse del ego es tomar
conciencia de el."
- Desconocido.

Y volvemos a darle con el **ego.**

<u>¿Pero qué es el ego y por qué es tan importante para vender?</u>

El ego es nuestra auto-imagen, la imagen que tenemos de nosotros mismos. Es la imagen y la historia que un ser humano se adjudica a si mismo para diferenciarse y justificar su propio valor.

El ego, aunque ha sido muy criticado por gurús espirituales, tiene lados buenos y malos, como todo en esta vida, y depende de uno saber controlarlo y observarlo desde una perspectiva sana.

Pero en las ventas, tu mayor preocupación es que:

A) El ego de tu cliente se vea beneficiado.
B) Que tu ego y el de tu cliente no choquen.

Un error muy común del vendedor es caer en una actitud arrogante debido a todo el conocimiento que tiene acerca de cómo manipular a otras personas. Hay que tener mucho cuidado con esto. Es fácil perder los pies de la tierra cuando lograste cerrar una venta milagrosa y tu cartera engordó 10 kilos.

Y muchas veces cuando un vendedor arrogante se topa con un cliente arrogante, el rapport nunca se hace y el único que pierde es el vendedor.

Un excelente vendedor pone el ego de su cliente como prioridad y aprende a manejar el suyo desde un punto de vista (más inteligente) de servicio y humildad.

Que tu ego no te estorbe. Es tan solo otra estrategia de tu mente para dificultarte las cosas en tu camino al éxito… ¡Cuidado!

RECAP:

- Que tu ego no te estorbe.
- El ego de tu cliente es prioridad.

ACCIÓN:

- Reflexiona.

Acuérdate del cliente más pesado con el que has hablado, el cliente que peor te cayó y a quien obviamente no le pudiste vender.

Ahora pregúntate: De haber manejado MI EGO de forma diferente ¿Cómo podría haberle dado la vuelta a la situación?

CAPÍTULO 28.

El pánico a perder (aversión a la perdida).

"¿Por qué nos cuesta tanto desprendernos de las cosas?"
- Desconocido.

La posibilidad de perder genera emociones casi el doble de fuertes que la posibilidad de ganar.

Es por esto que ves gente haciendo muchísimo más por no perder dos dólares, que por ganar 100. Es por esto mismo que el mundo se la vive ahorrando centavitos en vez de enfocarse en generar más dinero.

¿Por qué? Por que generar más involucra esfuerzo y riesgo, ahorrar solo involucra no perder, no moverse y mantenerse seguro. Ser estático es mucho más fácil y aparenta ser más seguro cuando en realidad al permanecer estático uno asegura la devaluación de su valor tarde o temprano y al moverse y arriesgarse uno al menos hace la lucha por crecer en valor.

El padre de la economía conductual, Daniel Kahneman, ha comprobado a través de cientos de experimentos esta conducta y nos ha regalado a los vendedores una excelente herramienta para vender y conocer al ser humano un poco más.

ACCIÓN:

- Aplica la aversión a la perdida en tu proceso de ventas.

Ejemplos:

Podrías empezar por delimitar una promoción temporal; *"¡Señor Pérez! Este precio solo es valido de aquí hasta el siguiente viernes, <u>después de esa fecha se perdería la promoción y el súper descuento!</u>"*

O podrías aplicar este conocimiento en tu comunicación en general (escrita o verbal); *"Sr. Pérez no se puede perder esta oportunidad"* en vez de *"Sr. Pérez usted ganará mucho con esta oportunidad".*

¡No desperdicies la aversión a la perdida para vender más! ¿Sabes cuánto dinero estás dejando en la mesa? ¿Todas las comisiones que te estas perdiendo?

(Hint hint, ¿Viste lo que acabo de hacer?)

RECAP:

- Tu cliente hará más por no perder que por ganar.

CAPÍTULO 29

Necesidad de Clausu-

"La curiosidad no es un pecado pero debemos ejercer cautela
ante ella"
- Albus Dumbledore.

Tu mente leyó "Clausura" en el título, ¿Correcto?

Como seres humanos tenemos la tendencia a clasificar todo y a querer controlar todo a nuestro alrededor.

¿Qué pasa cuando algo se queda inconcluso? ¿Cuándo nos falto escuchar el final de una historia? ¿Ver la otra mitad de la película? ¿O escuchar el *punch line* de aquel chiste?

¡La curiosidad nos mata! Y las emociones se activan.

Ten esto muy en mente cuando estés negociando con tu cliente. Tu objetivo durante la presentación es mantener a tu cliente intrigado e interesado en lo que tienes que decir, por ende, estructura tus palabras, tus historias y la información que das en forma de *crescendo*. Acumulando tensión para llegar a un magnífico desenlace.

Deja lo mejor para el final, acumula tensión (positiva) y siempre tienta a tus clientes.

Tiéntalos a preguntar, a saber más, a conocer las razones y los detalles. No entregues toda la información de golpe, busca que ellos sean los que pregunten.

Este factor también aplica para comunicación impresa (copywriting), crea tus textos de tal forma que tienten a la gente y los inviten a actuar.

Y lo más importante de esto:

El factor que todos los vendedores tienen que saber para poder cerrar al 100% de su gente es q-

RECAP:

- Tu cliente tiene una necesidad de dar clausura.

- Tiéntalos a preguntar.

- Diseña tu presentación como un crescendo.

ACCIÓN:

- Estructura tu presentación en forma de crescendo.

Busca crear tentación por preguntar y por saber más en tus clientes, cuenta historias y hazlo hoy mismo.

CAPÍTULO 30

Tu cliente quiere lo que no tiene y lo que admira.

"Esta dentro del carácter de muy pocos hombres el honrar, sin envidia, a alguien que ha prosperado."
- Aeschylus.

Los Rolling Stones lo decían mejor:

"No puedes tener todo lo que quieres,
pero si intentas a veces,
puede que puedas,
tener lo que necesitas"

¡Todos queremos lo que no tenemos!

Ley básica de la vida, ¿Pero por qué el pasto es más verde en el otro lado?

Existen tres comportamientos de la mente de tu cliente que explican por que quiere lo que no puede tener:

1) **Atención aumentada:** Cuando uno "no puede" tener algo, inmediatamente tu cerebro le empieza a prestar más atención a este objeto de prohibición. Esto se debe a que nuestro ego esta herido debido a que no podemos comprar o tener algo por alguna razón.

2) **Escasez percibida (o exclusividad):** Cuando uno "no puede" tener algo tu mente lo asocia a que es por que hay una escasez de ese producto y que la gente que lo tiene es especial y diferente. Y obviamente, todos queremos ser especiales y diferentes.

3) **Rebeldía Psicológica:** Odiamos que nos digan que podemos y que no podemos hacer. El ser humano es terco por naturaleza y esto hará que desees algo mucho más.

Por otro lado, tu cliente también quiere tener lo que la gente que admira tiene.

Por eso los patrocinios de personas famosas son tan exitosos.

¿Quieres ser como Michael Jordan? ¡Cómprate unos Nike!

¿Quieres ser como George Clooney? ¡Toma Nespresso!

¿Quieres ser como Jason Statham? ¡Maneja un Audi!

Todos queremos imitar a las personas que consideramos reflejan nuestra definición de éxito o que vemos son admiradas por muchos y tienen reconocimiento, glamour y dinero.

¡Tu cliente no es excepción!

Hazle ver que la gente como el esta comprando tu producto para elevar su calidad de vida. Enséñale testimonios e incluso preséntales a otros clientes felices.

RECAP:

- Tu cliente quiere lo que no puede tener.
- Tu cliente quiere lo que los que admira tienen.

ACCIÓN:

- Utiliza esta técnica hoy.

Podrías utilizar la psicología inversa y tentar a tu cliente a querer algo pensando que no lo tienes disponible.

Ejemplo: *"Sr. Pérez, desafortunadamente el modelo que usted quiere no esta disponible por ahora. Sin embargo, si pudiera conseguírselo, ¿Tenemos un trato hecho?"* Solo asegúrate de comprometer a tu cliente y de tener el producto (¡duh!).

O una técnica arriesgada y que requiere mucha sutileza, sería preguntarle a tu cliente cuanto piensa gastar en el producto que busca. Una vez que establezca el una cantidad asegúrate de que vea un producto con precio mayor a lo que piensa gastar.

Si pregunta, con mucho tacto, contéstale *"Sr. Pérez, ¡Qué buen gusto tiene!, sin embargo ese producto esta por arriba de su presupuesto déjeme le muestro otra opción"* .

Hay que ser cuidadoso con esta técnica pero suele ser muy efectiva para interesar a tu cliente en gastar un poco más. Todos queremos lo que no tenemos y aun más si alguien nos dice que no podemos.

CAPÍTULO 31

El valor de una recomendación.

"¡El dinero esta en los referidos!"
- Un vendedor inteligente.

Una recomendación vale oro.

¿Por qué? ¡Por que te otorga credibilidad instantánea (dependiendo quien te refiera)!

Si acabas de cerrar un trato con un reconocido hombre de negocios, su palabra y su influencia serán tus mejores amigos. Compromételo a darte referidos y recomendaciones siempre y cuando tu servicio sea el mejor que ha recibido en su vida.

Siempre ten listo un formato de referidos para tus clientes y utilízalo en el momento cuando tu cliente este más enamorado de ti y de tu producto. Es en este momento cuando el se emocionará y te querrá recomendar con todos sus amigos.

En la mente de tu cliente tiene esto tiene dos propósitos, una, poder presumirle a sus amigos que compró y tiene dinero y dos, justificará su compra recomendándolo con todos sus amigos.

En tu mente, esto tiene un significado:

Cierres de más del 50% dependiendo de tu producto y mucho, mucho más dinero.

RECAP:

- Una recomendación vale oro.

- Usa una lista de referidas (regalo en la página web).

ACCIÓN:

- Haz una lista de referidos y empieza a pedirlos ¡HOY!

CAPÍTULO 32

Caballos más rápidos.

"Si le hubiera preguntado a la gente que querían, me hubieran contestado que necesitaban caballos más rápidos" – Henry Ford.

La gente no sabe lo que quiere hasta que se lo enseñas.

No asumas que el cliente sabe necesariamente que necesita (¿Recuerdas? ¡Nunca asumas nada!).

Muchas veces, en especial cuando tu producto es nuevo e innovador, será necesario que eduques a tu mercado.

Es una misión sumamente difícil pero que si se logra hacer tiene resultados impresionantes ya que eres el único vendedor con un producto único y que revolucionará a tu industria.

Lo importante aquí es abordar el tema con humildad. Nadie quiere hacer negocios con el sabelotodo que quiere venir a interrumpir lo ya establecido, y tampoco quieren hacer negocios con el emprendedor que no transmite confianza.

Te recomiendo primero que nada, que comuniques aprecio y admiración por la cultura y la forma de hacer las cosas de tu cliente, esto bajará sus defensas, subirá su ego y logrará que te abran las puertas y te escuchen. Después ten toda la información necesaria elaborada de forma visual, concreta y fácil de digerir para revisar con tus clientes.

A la hora que estés elaborando tu material impreso (y también a la hora que estás escribiendo tu "pitch", es decir tu presentación verbal) siempre depura el texto preguntando lo siguiente:

¿Qué beneficio busca mi cliente con mi producto? ¿Está frase realza ese beneficio?

Si no lo hace, bórrala. No quieres párrafos enteros, quieres puntos concretos de información fácil de digerir que capte la atención y tiente a tus clientes. Solo así podrás educar a tu cliente.

Se empático con tu cliente a la hora de educarlo y se un verdadero conocedor de tu producto e industria para que tu propuesta sea mucho más aceptada.

No tengas miedo a innovar, pero no te comuniques como un revolucionario prepotente che-guevaresco o como un startupero confundido.

RECAP:

- El cliente no siempre sabe lo que necesita.
- Educar a tu cliente es un arte complicado.

ACCIÓN:

- Escribe tu pitch.

  Escribe palabra a palabra lo que vas a decir cuando tengas a tu cliente en frente. Divídelo en secciones y puntos importantes que necesites expresar. Depúralo y léelo una y otra vez antes de la cita.

CAPÍTULO 33

AGREE: Tu cliente siempre tiene la razón (aunque no la tenga).

"No existe nada más importante en una venta que estar de acuerdo con tu cliente en todo. Si, en todo."
- Grant Cardone.

Esto es regresar un poco al tema de dejar tu ego a un lado y hacer el de tu cliente prioridad. Tu ego no puede estorbarte durante el proceso de una venta.

¿Qué pasa si tu no estás de acuerdo con alguien?

Tú estás en conflicto con alguien.

Si, conflicto es una palabra fuerte pero no importa que tan educado seas, que tan buen comunicador seas, cuando tu estas haciendo menos la opinión de alguien estas entrando en conflicto y no hay peor estado emocional para hacer una compra que el conflicto.

¡Tu cliente no quiere negociar con gente que le lleva la contraria!

¡Tu cliente quiere negociar con gente como él!

Piénsalo, ¿Quiénes son tus mejores amigos en la vida?

¡Tus mejores amigos en la vida son la gente con la que estas más de acuerdo en los temas que son más relevantes para ti!

Temas como las relaciones, la amistad, la vida, la política, la educación, la familia, el entretenimiento, etc. Todos estos temas son campo perfecto de trabajo para crear rapport con tu cliente.

"Cris, ¿Pero qué pasa si mi cliente dice una verdadera estupidez? ¿O si mi cliente dice MUCHAS estupideces?"

¡Excelente pregunta! Por que va a suceder, no todos tus clientes serán la genta más agradable e inteligente del mundo.

Cuando tu cliente diga algo con lo que estas en total desacuerdo, aun así tienes que estar de acuerdo. Tu expresión verbal, corporal y facial nunca pueden ser de rechazo. Tienes que estar de acuerdo con que tiene derecho a tener esa opinión, no con lo que dijo, pero si con su libertad a expresarse.

No es momento para sacar tu ego a pavonear y educar a tu cliente sobre su perspectiva de la vida, es tu momento para educarlo en cuanto a tu producto y venderle. Eso es todo, ese es todo tu objetivo.

Que tu ego no te distraiga.

RECAP:

- Tu cliente quiere hacer negocios con gente que lo haga sentir bien.

- Tus relaciones más importantes son gente con la que estas de acuerdo.

- Nunca entres en conflicto, siempre dale la razón.

ACCIÓN:

- RETO #IGNORATUEGO

    Por un día ignora tu necesidad de corregir a la gente o de dar consejos no solicitados en tu vida personal (no en las ventas). Muchas veces la gente no agradece estos consejos o interrupciones de tu ego por corregirlos.

    Enfócate por 24 horas a dejar a la gente ser y a no involucrarte. Velo como 24 horas de descanso para el pequeño neurótico dentro de ti y después analiza tus resultados y compártelos conmigo vía Facebook o Twitter.

CAPÍTULO 34

¿Ya tienes Haters?

"Ama a tus haters. Son tus fanáticos más grandes."
- Kanye West.

En el proceso de diseñar tu visión de vida y encontrar tu definición de éxito vas a encontrar un fenómeno psicológico de la humanidad que tendrás que saber como manejar.

En la calle (y en el internet) se les conoce como *Haters*.

¿Qué son? Los Haters son personas que te atacan a través de burla, sarcasmo o parodia intentando ridiculizar tus esfuerzos por vivir tu vida al máximo o hacer las cosas de una manera. Los haters vienen en todo tipo de envolturas y no hay límites que definan donde los vas a encontrar.

A partir de hoy, ¿Qué son los Haters para ti?

Los Haters son una señal de éxito. Una señal de que estas haciendo las cosas bien.

Entendamos el término un poco mejor, el filósofo existencialista, Søren Kierkegaard, (quien nació hace más de 100 años), explica el fenómeno de los Haters de una excelente manera.

"Existe una forma de envidia de la cual recurrentemente veo ejemplos, en donde un individuo trata de obtener algo a través del molestar, por ejemplo, cuando entro a un lugar donde hay mucha gente, suele suceder que un individuo u otro toma armas en contra de mi comenzando a reír: probablemente por sentirse una figura de opinión publica.

Pero, admiren, que si después procedo a hacerle un comentario casual, esta misma persona se torna sumamente amable y sumisa. Esencialmente esto nos muestra que esta persona me considera algo grandioso, probablemente más grandioso de lo que en realidad soy: pero si no puede participar abiertamente en mi grandeza, al menos se reirá de mi. Pero en el momento en el que se vuelva participe, por raro que sea, el presumirá sobre mi grandeza."

Un Hater es alguien que se encuentra intimidado por tu manera de abordar la vida o algún tema en especial. No tienes por que sentirte ofendido, tu ego no es parte de esta batalla.

Tu ego tiene que ver mucho más allá, manejarte desde una perspectiva de 10,000 pies de altura donde no te involucres en temas tan terrenales como el hating. En todas las ocasiones, una critica dice más del que la emite que del sujeto de la critica. Todas nuestras críticas son reflejos de nuestras inseguridades, miedos o frustraciones.

¿Qué recomiendo hacer con un hater?

Venderle, claro.

Primero, trátalo con amor. Habla con él, ten un acercamiento casual (nunca de reclamo- esto solo alimenta el hating) e intenta hacerlo parte de tu viaje, intenta convertirlo en una herramienta para tu éxito. Pídele apoyo con X o Y tarea donde sepas que el tiene habilidades. Reconoce alguno de sus talentos y dile que crees podría ser de gran contribución al proyecto que estas creando.

Encuentra la manera de validarlo. Que el sepa que lo reconoces… Aunque no haya mucho que reconocer.

Y nunca caigas en provocaciones. Tu estas a 10,000 pies de altura negociando y vendiendo la vida que te mereces, ellos están pegados al piso… Intimidados.

RECAP:

- Los Haters son inevitables, son señal de éxito.
- Los Haters son herramientas para tu crecimiento.
- Trabaja a 10,000 pies de altura, no a nivel de piso.

ACCIÓN:

- Gánate a un Hater.

   Identifica hoy a tu Hater más intenso y véndele la idea de estar de tu lado, de ser parte de tu camino al éxito.

CAPÍTULO 35.

"Odiamos que nos vendan, amamos comprar."
- Jeffrey Gitomer.

No existe frase más poderosa en tu educación como vendedor que esta:

Tu cliente odia que le vendas, pero ama comprar.

¿Entonces que tienes que hacer tú como vendedor?

¡Transformarte en un asistente de compras!

Deja de pensar en tu tarea como el manipular a alguien hasta lograr que compre lo que tu decidas que es mejor para él, transfórmate en un asesor de confianza, en alguien que parado en los zapatos de tu cliente verdaderamente le ayudará a elegir el mejor producto para solucionar su problema y para su cartera.

¿Por qué tu cliente odia que le vendas?

¡Por qué cuando alguien "te vende" te hace sentir como si no tuvieras una gota de control, te hacen sentir manipulado, te hacen sentir simplemente mal!

Analiza tus mejores ventas, es raro el caso del cliente que dice "Me vendieron", todos justifican la venta diciendo "Acabo de comprar un X" o "Acabo de invertir en un X".

Que tu objetivo siempre sea un cliente que se sintió en control de la negociación, un cliente que nunca te vio actuar como vendedor…. Aunque si lo hayas hecho.

RECAP:

- Tus clientes odian que les vendas, pero ama comprar.
- Hazlos sentir 100% en control.

CAPÍTULO 36

Debilidad a oportunidad.

"En vez de amor, dinero, fe, fama o justicia... Dame la verdad."
- Henry David Thoreau.

Todo en esta vida tiene lados buenos y lados malos (como vimos en el Capítulo 8 hablando de los errores de las *Camisas Hawaianas*).

Los Iphone son una increíble herramienta, fáciles de usar, con un millón de aplicaciones para hacer todo y con un diseño hermoso.... Pero la duración de la batería es una pesadilla.

Un Porsche es una bestia de automóvil, rapidísimo, elegante y sofisticado... pero la altura del carro es una pesadilla. Pasar hasta el tope más pequeño es casi imposible.

El Internet ha revolucionado al mundo y la forma en la que nos comunicamos y obtenemos información... ¡Es increíble! Pero también ha dado lugar demasiada información, demasiado anonimato y demasiado caos.

Todo en esta vida tiene lados positivos y lados negativos, es el ying y el yang, es el balance eterno de este mundo.

Y así como el Iphone, el Porsche y el Internet no son perfectos... Tú y tu producto tampoco.

No intentes venderle a tu cliente el producto "perfecto", tu cliente no es tonto y sabe cuando las cosas suenan demasiado buenas para ser ciertas.

Tu tarea como vendedor es conocer las debilidades de tu producto, saber que sí puede hacer y que no puede hacer y saber como utilizar y presentar esta información.

No hay peor error que esconder o mentir sobre las debilidades de tu producto. ¡Simplemente no es aceptable! Tienes que reconocer las debilidades de tu producto y usarlas para vender. Si las cualidades de tu producto son buenas, suficientemente buenas, una debilidad no evitará la venta si no que agregará credibilidad al producto.

ACCIÓN:

* Aplica esto hoy mismo.

Por ejemplo:

" Sr. Pérez, como estoy seguro ya se dio cuenta, esta propiedad no esta en el mejor vecindario de la ciudad. Es una zona muy tranquila de clase media. Sin embargo, creo que esto mismo lo hace una excelente oportunidad. A este precio, con estos metros cuadrados y con el increíble diseño del departamento, es la mejor opción que he visto en años. ¿Está de acuerdo?"

Observa en ese caso como describí la debilidad del producto (el mal vecindario) sin decir una sola palabra negativa. No dije "esta en un mal vecindario", dije "no esta en el mejor vecindario" e inmediatamente procedí a explicar por que esa debilidad es en realidad la oportunidad más grande para el cliente.

Ve como al final no pregunta "¿Qué le parece?", si no pregunte, "¿Está de acuerdo?", esta pregunta obligará al cliente a darme un si o un no y así sabremos exactamente donde esta parado y que tan importante pueda ser esa debilidad para él. Si el no es rotundo podrás ahorrar tiempo y buscar otra propiedad para él, si el "si" es la respuesta puede que tengas una venta.

Lo importante aquí es que tomes control de las debilidades de tu producto y que siempre seas tú el primero en mencionarlas. Cuando tu cliente menciona las debilidades primero, sentirá un sentido de adueñamiento de esa crítica y la tomará mucho más en serio que si tu la mencionas primero.

RECAP:

- Todo en esta vida tiene un lado bueno y uno malo.
- Utiliza las debilidades de tu producto para vender más.
- Menciona las debilidades antes que tu cliente.

CAPÍTULO 37

Las emociones que MÁS venden.

"Las emociones son energía en movimiento."
- Peter McWilliams.

Los humanos somos un torbellino de emociones, unos más que otros claro, pero como ya vimos anteriormente ser emocionales es nuestra principal característica como especie.

Y solo para que te des una idea de que tan grande es el espectro de las emociones, cuando hablas con tu cliente el puede estar experimentando cualquiera de las siguientes; Alegría, amor, tristeza, coraje, envidia, celos, odio, dolor, cariño, amor, miedo, vergüenza, resentimiento, culpa, rabia, asombro, asco, deseo, indiferencia, aburrimiento, armonía, inseguridad, calma, curiosidad, pasión, valentía, optimismo, decepción, rebeldía y muchas más.

¡La gama de emociones que un humano puede experimentar es ENORME!

¿Pero sabes cuál es la magia de todo esto? Que, aunque ya las conoces, no es necesario que te aprendas cada una de las emociones de las que es capaz el ser humano a detalle.

Existen ciertas emociones que motivan la compra mucho más que otras:

Codicia: "¡Si compro ahora, seré recompensado más!
Miedo: "¡Si no compro ahora, estaré en problemas!
Altruismo: "¡Si compro ahora, ayudare a otras personas!"
Envidia: "¡Si no compro ahora, la competencia me ganará!"
Orgullo: "¡Si compro ahora, me veré inteligente y se me reconocerá!"
Pena: "¡Si no compro ahora, pensaran que soy estúpido!"

El 80% de las decisiones que tomarán tus clientes serán alrededor de esas 6 emociones y es muy importante que puedas definir cual o que combinación utilizarás con cada cliente.

¿Cómo defines esto?

<u>¡Conociendo a tu cliente muy bien!</u>

Tienes que conocer cual es el sistema de creencias de tu cliente, que cosas ama, que cosas son importantes para él, con que cosas se identifica y al mismo tiempo que cosas odia y que cosas son de baja prioridad para él. Una vez que conozcas esta información de tu cliente tienes que ser muy específico para verdaderamente hacer que las emociones surjan.

Si sabes que la principal competencia de tu cliente es un monstruo corporativo como Microsoft, usa a esa empresa como la referencia para que la emoción que quieras crear sea más real.

ACCIÓN:

* Aplica esto HOY mismo.

Ejemplo -

"Sr. Pérez, usted conoce bien a Microsoft. Sus recursos son básicamente ilimitados y siempre están creciendo. Sin embargo mi producto le da a usted la primera jugada en un nuevo campo competitivo en el cual Microsoft sigue en pañales. Usted dará el primer paso en este campo y será recompensando por lo mismo"

¿Qué emociones pusimos en juego ahí?

<u>Orgullo:</u> "¡Si compro ahora, me veré inteligente y se me reconocerá!"
<u>Pena:</u> "¡Si no compro ahora, pensaran que soy estúpido!"
<u>Envidia:</u> "¡Si no compro ahora, la competencia me ganara!"

¡Como mínimo!

Mientras más de estas emociones estén siendo activadas en tu presentación, mejores resultados tendrás.

RECAP:

- La gama de emociones humanas es enorme.

- Existen 6 emociones que cierran el 80% de las ventas.

- Conoce a tu cliente y se especificó a la hora de venderles.

CAPÍTULO 38

Cómo dar consejos que lleguen a algún lado.

"Toma mis consejos, de por sí yo no los uso."
- Desconocido.

¿Cuántas veces no has dado un consejo excelente solamente para descubrir que tu cliente hizo todo lo contrario?

Te apuesto que más de una vez.

¡¿Pero por qué?! Si cuando nos vimos todo quedo tan claro, le dije que no hiciera exactamente lo que hizo y estuvo de acuerdo. ¿Qué salió mal?

No es tu culpa, no te preocupes. Es simplemente un hecho que el porcentaje de seres humanos que seguimos consejos es sumamente bajo, ¿Por qué? Por que nuestro ego nos dice que nosotros tenemos una mejor solución, que si seguimos a nuestro instinto estaremos en el camino correcto (lo cual la mayor parte de las veces es sumamente falso).

Para que eso no te ocurra de nuevo, aquí tienes la solución.

La gente rara vez acepta, sigue y ejecuta consejos (menos de un vendedor) pero la gente siempre imitará historias de éxito.

No le des una lectura a tu cliente, cuéntale una historia de éxito que lo inspire y eso si lo motivará a actuar.

La lección que le quieras dar a tu cliente no puede acabar en su mente como *"Mi vendedor me recomendó que hiciera esto"*, tiene que acabar en su mente como *"Existe un caso increíble de una persona que hizo exactamente eso y obtuvo estos increíbles resultados"*.

La gente seguirá ejemplos donde vea resultados positivos y escuchará más a las historias o testimonios de gente que ya estuvo en su lugar.

Utiliza esto y empieza a dar consejos que si lleguen a algún lado.

RECAP:

- La gente no sigue consejos, sigue historias y ejemplos.

- Cambia el formato en como educas a tu cliente.

ACCIÓN:

- Define dos historias de éxito relacionadas con tu producto.

Escríbelas a continuación como si estuvieras platicándoselas a alguien, de esta forma, tendrás listo el vocabulario exacto para contárselas a tus clientes. Verifica que emociones estás intentando activar con cada historia y defínelos bien.

Historia de Éxito #1:

_____
_____
_____
_____
_____
_____
_____
_____
_____
_____

Historia de Éxito #2:

_____
_____
_____
_____
_____
_____
_____
_____
_____
_____

Historia de Éxito #3:

_____

_____

_____

_____

_____

_____

_____

_____

_____

_____

CAPÍTULO 39

Objeciones y como destruirlas.

"Sí tuviéramos que analizar todas las objeciones del universo antes de intentar algo, nunca haríamos nada."
- Samuel Johnson.

Existen dos razones por las cuales las ventas pagan tan bien:

1) Por que nos dicen que NO a diario (y esto es desgastante emocionalmente) y
2) Por la maestra habilidad de combatir objeciones.

El primer punto (el manejo del rechazo) lo veremos en el siguiente capítulo, en este hablaremos acerca de las objeciones.

A continuación tienes las reacciones más comunes de un vendedor mediocre (una *Camisa Hawaiana*) cuando pierde una venta por no saber manejar una objeción:

1) *"Caray, no me vi venir esa objeción"*
2) *"¡Otra vez la misma objeción!"*
3) *"¡Me lleva! Si no me sabia esa objeción..."*

¿Quieres evitar la número uno? ¡Anticípate a la objeción!
¿Quieres evitar la número dos? ¡Analiza y practica tus objeciones!
¿Quieres evitar la número tres? ¡Sigue vendiendo!

Las objeciones son una parte natural de la venta, son el dolor de cabeza de muchos vendedores y tu habilidad para sobrellevarlas define si llegas en transporte público o manejando un Porsche al trabajo (¡y si el transporte público no te motiva a aprender a sobrellevarlas, nada lo hará!).

¿Pero qué es una objeción en si?

Muchos vendedores te dirán que una objeción que es un cliente intentando huir, que es un cliente haciéndose el difícil y defendiendo su dinero o que es un cliente que no esta interesado en realidad.

Pero la verdad es que…

Una objeción es solo una solicitud por más información.

No hay mayor ciencia y no existe mayor complicación al respecto.

Cuando un cliente pone una objeción te esta pidiendo que le des más información, que agregues valor a tu producto y que confirmes que estará haciendo una decisión inteligente al invertir su dinero contigo.

Lo más interesante de las objeciones es que no importa en que industria estés o que producto vendas, estas tienden a repetirse. Te apuesto que las siguientes objeciones las has escuchado ya sea si vendes chocolate o jets privados:

1) Esta demasiado caro.
2) Necesito pensarlo.
3) Tengo que hablarlo con mi jefe/pareja/el responsable.
4) La competencia tiene un mejor precio o mejor producto.
5) He tenido malas experiencias en el pasado.

Estas objeciones son objeciones naturales del proceso de venta, el otro tipo de objeciones que quedan son las objeciones informativas.

Las objeciones informativas por lo general se resuelven fácilmente si uno conoce bien su producto, son objeciones en cuanto al funcionamiento, las características y los resultados que el producto o servicio promete. Son las objeciones relacionadas a tu producto o industria y por ende las respuestas a estas las conoces tú mejor que nadie (espero).

Las objeciones naturales del proceso de venta requieren un acercamiento diferente, estas objeciones requieren que el vendedor conozca el contexto de la venta y la razón verdadera por la cual aparecen. Estas objeciones son independientes de la industria en la que estés y se generan solo por el proceso psicológico que una venta involucra para el cliente.

Pero antes de enseñarte el proceso que te llevará a evitar o destruir cada una de estas objeciones, te tengo que pedir leas los 3 errores que nunca debe cometer un *Traje Hecho a la Medida* como tú.

Errores Comunes al Sobrellevar una Objeción.

1) Ponerse a la defensiva.
   (¡Deja tu ego afuera de la negociación!)

2) Invalidar o entrar en conflicto con la opinión de tu cliente.
   (AGREE: Siempre tienes que estar de acuerdo con él)

3) Hablar mal de la competencia.
   (Esto solo hablará mal de ti y de nadie más)

Ahora estas listo, a continuación tienes un sencillo proceso de 3 pasos con el cual podrás sobrellevar cualquier tipo de objeción. Este proceso esta comprobado por cientos de vendedores en diversas industrias y es más sencillo de lo que parece.

¿Cómo evitar o destruir una objeción?

Paso #1: Anticípate a la objeción.

Haz una lista de todas las objeciones más comunes de tus clientes y diseña un pitch por escrito donde no solo te anticipes a ellas si no que hagas que tus clientes admitan o declaren en voz alta que no serán objeciones a la hora de cerrar el negocio.

Ejemplo –

Objeciones más comunes de la venta de tiempo compartido:

A) No nos gusta estar atados a una sola cadena.
B) Hemos tenido malas experiencias en el pasado.

En este caso tu debes de agregar a tu proceso de ventas las siguientes interacciones para lograr anticipar y bloquear esa objeción antes de que siquiera aparezca:

Interacción A: (No nos gusta estar atados a una sola cadena).

TÚ: "Sr. Pérez, ¿En que tipo de hoteles se hospeda cuando viaja?"

EL: "En el que este disponible, nos gusta siempre intentar algo nuevo"

TÚ: "¡Perfecto! Eso es importante, en especial con tanta oferta hotelera. Entonces, ¿La flexibilidad al viajar es importante para usted?"

TÚ: "Si, mucho, no nos gusta estar comprometidos a una sola cadena"

EL: "Yo entiendo, a mi tampoco, sería muy aburrido. Sin embargo señor, y solo para entenderlo bien, ¿Si yo le mostrará algo que fuera sumamente flexible, que le permitiera elegir entre miles de hoteles y le diera experiencias únicas y divertidas, ¿Podría considerar mi producto?"

TÚ: "Claro, tengo mente abierta"

Interacción B: (Hemos tenido malas experiencias en el pasado).

A) TÚ: "Sr. Pérez, déjeme le pregunto, antes de conocerme el día de hoy, ¿Qué impresión tenia usted acerca del tiempo compartido?"

EL: "¡No, Hombre! Puras cosas malas la verdad, una vez fuimos a una presentación en Orlando y fueron 3 horas. La verdad solo estamos aquí por que nos han atendido muy bien hasta ahorita, pero no tenemos intenciones de comprar"

TÚ: "Yo entiendo Sr. Pérez, desafortunadamente hay muchas empresas allá afuera cuyo proceso de ventas no es el mejor…¡Y nunca voy a hablar mal de la competencia! De hecho existen tiempos compartidos increíbles en Orlando pero así es en todas las industrias. ¿Usted a que se dedica señor?"

EL: "Yo soy abogado."

TÚ: "¡Pues usted lo sabe muy bien señor! La ley es buena pero existen abogados que la manejan de una forma que no es la mejor y otros abogados que la manejan de una excelente forma, ¿Correcto?"

EL: "Si, depende del abogado, la firma o la empresa."

TÚ: "Lo bueno es que usted ya conoció el lado "malo" de la industria y nada me dará más gusto que enseñarle el lado excelente. El lado donde el servicio y su bienestar es la prioridad.

Ahora, déjeme le pregunto algo, Si el día de hoy le logro demostrar que mi producto es lo mejor del mercado y que verdaderamente tiene el potencial de cambiar su vida y la de su familia para bien, ¿Consideraría comprar mi producto?"

EL: "Claro, podría ser".

Y repite este paso con todas las objeciones más comunes que tengas. Al principio será cansado, tendrás que invertir una hora mas o menos de tu tiempo para ubicar todas las objeciones y escribir la interacción que deseas tener para anticiparte a ellas pero después estas interacciones se reducen a preguntas sencillas durante tu presentación y las harás de forma automática.

ACCIÓN:

- Integra hoy mismo tu lista de interacciones anti-objeciones que te ayudarán a destruirlas antes de que siquiera aparezcan.

Paso #2: Analiza tus objeciones.

Lo hemos dicho antes, la diferencia entre un buen vendedor y un excelente vendedor es como reacciona ante el rechazo.

Es en este momento de rechazo, cuando tienes fresca la interacción en tu memoria que debes de tomarte 5 minutos para analizar cual fue tu error.

Analiza la objeción que no pudiste saltar y mejor aun márcale a tu jefe, a un colega o a otro vendedor que conozcas para platicar sobre tu interacción y analizar juntos que pudiste haber hecho mejor para combatir la objeción.

ACCIÓN:

- Lleva una pequeña libreta negra de objeciones.

Cómprate una libreta negra y apunta todas las objeciones que recibas durante un mes. Utiliza la libreta justo después de recibir la objeción y anota cual sería la mejor respuesta a la misma.

Guarda esta libreta contigo y utilízala para mejorar tus respuestas.

Para analizar las objeciones de manera más objetiva, también es importante que sepas cuál es el significado correcto atrás de cada una de las objeciones naturales al proceso de ventas.

Objeción #1: Esta demasiado caro.

¿Qué quiere decir tu cliente en realidad?

No me has demostrado que tu producto tiene el valor que estás pidiendo.

¿Qué necesitas hacer?

Agregar valor a tu producto. Haz una lista de todos los beneficios del mismo e identifica maneras para vendérselas a tu cliente durante tu presentación, necesitas justificar el precio que estás pidiendo con valor.

Objeción #2: Necesito pensarlo.

¿Qué quiere decir tu cliente en realidad?

No confío en ti o en tu empresa o no has creado ningún sentido de urgencia, no tengo prisa.

¿Qué necesitas hacer?

Dar mejor servicio y crear más rapport. Recuerda que tienes que dar para poder recibir, busca crear una conexión emocional con tu cliente que establezca lazos fuertes entre los dos y mucha credibilidad a tu persona.

¡Crear urgencia! Utiliza conceptos como: stock limitado, promoción temporal, los dueños ya tienen un comprador listo, es el último disponible, etc. etc.

Objeción #3: Necesito hablar con mi jefe/pareja/el responsable.

¿Qué quiere decir tu cliente en realidad?

Necesito hablar con mi jefe/pareja/el responsable (¡DUH!)

¿Qué necesitas hacer?

Hablar con la persona que verdaderamente toma las decisiones. Tristemente acabas de desperdiciar energía y recursos hablando con alguien que no tiene el poder de decidir.

Para evitar esto mejora tu prospectación y asegúrate de estar parado en frente de la gente que puede tomar una decisión.

Objeción #4: La competencia tiene un mejor precio o mejor producto.

¿Qué quiere decir tu cliente en realidad?

Otra vez: No me has demostrado que tu producto tiene el valor que estás pidiendo.

¿Qué necesitas hacer?

No compitas por precio ¡NUNCA! Agrega tanto valor a tu producto que la decisión de ir contigo sea obvia y casi casi obligatoria.

Objeción #5: He tenido malas experiencias en el pasado.

¿Qué quiere decir tu cliente en realidad?

He tenido malas experiencias en el pasado, estoy nervioso, no confío en ti y quiero saber si tu eres igual que todos.

¿Qué necesitas hacer?

Demostrar empatía por su mala experiencia y reconocer que existen esas situaciones, ¡Pero no en tu empresa! Debes demostrarle que tú eres diferente y la mejor opción en el mercado.

Paso #3: ¡Sigue vendiendo!

¿Sabes cual es la objeción más difícil de todas?

¡La que nunca has escuchado!

Por eso mismo sigue vendiendo y escribe todas y cada una de ellas en tu pequeña libreta negra de objeciones, analízalas, trabájalas, memoriza la mejor respuesta posible y estate preparado para tener que olvidarte de todo e improvisar si es necesario.

El ser humano es impredecible… ¡No existen mapas!

RECAP:

- Existen dos tipos de objeciones: las naturales del proceso de ventas y las informativas. Las dos se pueden superar.

- El proceso para destruir una objeción es: ¡Anticiparte a ella, analizarlas y seguir vendiendo!

- Prepárate pero mantente flexible para cambiar, el ser humano es impredecible y todo esta en juego.

CAPÍTULO 40

El Rechazo: Tus sentimientos a la licuadora.

"Cada vez que pensaba era rechazado de algo bueno, solamente estaba siendo redireccionado hacia algo mejor."
- Dr. Steve Maraboli.

El rechazo, la segunda razón por la cual los trabajos en ventas son tan bien pagados y la principal razón por la cual solo los locos entramos a esta industria.

Admítelo, ¿A quien le gusta que le digan que NO todos los días? ¡A nadie!

Sin embargo, y como hemos platicado ya, la manera en la que manejes el rechazo, el fracaso y la frustración será la clave para convertirte en un vendedor exitoso y consistente.

A continuación tienes mis 4 mejores tips para recibir decenas de NOs y seguir con la frente en alto.

TIP #1: ¡Conoce tu porcentaje de cierre!

Cada industria tiene un porcentaje promedio de cierre diferente, conocer el promedio de cierre de tu producto te dará un punto de comparación y evitará que te frustres al no cerrar el 100% de los tratos.

Como recomendación, siempre apunta a producir 30% más del promedio de cierre de tu producto o industria. Si apuntas alto, como mínimo caerás en el promedio y con mucho drive podrás ser el #1.

Si tienes la suerte de vender en equipo, nunca compares tus números con los de Paco tu súper cuate que empezó a vender Rolexs falsos en la sala de ventas para sacar un dinero extra.

Compárate con el mejor cerrador, con el que vende a diario y no pierde su tiempo en nada más que en generar grandes cantidades de dinero. Somos el promedio de la gente con la que nos rodeamos, ¡rodéate de gente que te motive a ser mejor!

TIP #2: Velo como lo que es – Una oportunidad de aprendizaje.

No hay nada más cercano al éxito que el fracaso. Cuando caes y te levantas solo estas subiendo un escalón más en el camino hacia tus objetivos personales (aunque parezca lo contrario). Acepta que errar es humano y lo más importante: Analiza que hiciste mal y que podrías hacer mejor la próxima vez. Nunca desperdicies la oportunidad de aprender de tus errores.

El simple hecho de hablar de tus errores y contarle palabra por palabra a alguien que respetes (y que sea exitoso en ventas por favor) que fue lo que paso, convierte un error en una oportunidad de aprendizaje. Que el ego no te estorbe, aunque lleves 30 años cerrando tratos siempre tendrás algo que aprender; un nuevo pitch, una nueva forma de prevenir o quitar una objeción, una nueva herramienta tecnológica que solucione los problemas de tus clientes – Uno nunca deja de aprender.

Vivimos en un mundo que castiga errar como si no fuera parte de nuestra naturaleza y el elemento más básico de nuestro aprendizaje. No tengas miedo a equivocarte pero crece con cada error, patea la piedra a un lado y nunca tropieces con ella de nuevo.

TIP #3: No tengas tiempo para sentirte mal ¡Sigue Vendiendo!

Analiza por un momento: ¿Cuando te sientes mal al respecto de no vender? ¿Durante la venta? ¿Antes de la venta? ¿O en tus ratos de ocio? Si tu respuesta es durante o antes ahí esta tu problema: Estas entrando y navegando a través de tu venta con la actitud equivocada.

Durante tu presentación no puedes pensar en NADA más que en cuanto vas a vender y en que tan felices serán tus clientes con lo que les vendas. Las ventas son celosas y si no tienen el 100% de tu energía, el 100% de tu actitud positiva y atención – es decir – Si tienes un plan B o un pie afuera de la ecuación... No vas a vender.

Si tu respuesta es "En mis ratos de ocio"... Sencillo: ¡No tengas ratos de ocio! ¡Sigue vendiendo! Recuerda que si no te están diciendo que no, no estas vendiendo lo suficiente.

¿Faltan 4 horas para tu siguiente cita? ¡Eso es tu problema! Aplica esas 4 horas para conseguir más citas, para leer un libro de ventas, ver un vídeo motivacional, escuchar cursos en tu Iphone o inclusive jugar con tu familia y relajarte. ¡Ocupa tu tiempo en algo positivo, productivo y benéfico!

Y no te boicotees a ti mismo. Errar es humano, acéptalo y MOVE ON.

Y el último tip;

¡TÓMATE LAS COSAS PERSONALES!

Contrario a la filosofía que muchos gerentes de ventas reparten de "No te lo tomes personal, no pasa nada" tu tienes que hacer exactamente lo contrario. Tómate cada NO como algo sumamente personal. Si fueras indiferente al rechazo algo estaría mal contigo y nunca generarías el drive y la energía suficiente para analizar cada caso y aprender de ellos.

Todo excelente vendedor maneja una filosofía única de como manejar el rechazo.

Un excelente vendedor divorcia a su ego y autoestima de los NOs que recibe a diario.

Un excelente vendedor sabe que el prospecto no esta atacando a tu persona, el prospecto esta defendiendo su dinero a capa y espada (y que el haría lo mismo).

Un excelente vendedor sabe que su propia mente es su mejor herramienta y su peor enemigo, y sabe cuando no escucharla.

Un excelente vendedor nunca deja de vender.

RECAP:

- Errar es parte de la naturaleza humana, acéptalo, aprende de tus errores y no te tropieces con la misma piedra dos veces.
- ¡Conoce tu porcentaje de cierre y crea objetivos realistas!
- No tengas tiempo para sentirte mal… ¡Sigue vendiendo!
- ¡Tómate las cosas personales!

ACCIÓN:

- ¡Utiliza estos tips YA!

  Apunta estos 4 tips en algún lado y vuélvelos a leer en el instante en el que estés más consternado por el ultimo NO que recibiste. Te prometo este artículo te hará poner la frente en alto de nuevo.

CAPÍTULO 41

La parte más importante de la venta.

"A.B.C : Always be closing."
- Blake, Glengarry Glenn Ross.

¿Cuál es? ¿Cuál es la parte más importante de la venta?

En realidad es difícil decidir ya que las ventas son como el fútbol Americano o como una cocina industrial en plena hora del lunch, si uno de los elementos no hace su trabajo bien, no vamos a anotar touchdown, no vamos a darle de comer a toda la gente hambrienta allá afuera.

Como has visto hasta ahora, ser un vendedor tiene muchas partes, elementos y cosas que uno tiene que considerar. Vender es mitad arte, mitad ciencia y mitad caos. Ser un excelente vendedor es una combinación de una personalidad persuasiva con una motivación interna tremenda y muy buena preparación.

Pero me sigo preguntando… ¿Cuál es la parte más importante de la venta?

Y llego a dos respuestas, no puedo decidirme por una.

Veo mis opciones y decido por estas dos:

El servicio y "la pregunta".

Vender se trata acerca de servir, si sirves a un cliente, a una industria y a una comunidad, por ende ellos servirán a ti.

El servicio agrega valor, da humildad, inspira respeto, genera compasión, amistad y toda la buena energía del planeta.

El servicio genera la venta perfecta. El servicio genera un cliente eternamente feliz y un porcentaje de cancelaciones de un 0%.

El servicio dado con honestidad y una excelente sonrisa es la clave para vender a largo plazo.

Y la pregunta, la pregunta es tan básica que es ilógico que sea la razón por la cual se escapan la mayoría de las ventas y negocios.

Es la pregunta que un vendedor poco preparado tiene pánico en preguntar.

La pregunta que solo te sentirás cómodo utilizando cuando hiciste un excelente trabajo, pero que aun cuando sientes que tu trabajo no fue el mejor, también te tienes que obligar a preguntarla si tienes la intención de vender.

La famosa pregunta:

"¿Cuál va a ser su forma de pago señor? ¿Efectivo, Visa o MasterCard?"

RECAP:

- El servicio es la clave para crear la venta perfecta.
- Nunca dejes de preguntar "¿Cuál va a ser su forma de pago señor?".

ACCIÓN:

- Sigue vendiendo, creciendo y mejorando el nombre de la industria. Conviértete en un vendedor que inspire, en un Traje Hecho a la Medida de la más alta calidad.

¿QUIÉN ES CRIS URZUA?

Licenciado en mercadotecnia, vendedor y autor con pánico a la mediocridad.

Líder con años de experiencia entrenando equipos de ventas dentro de empresas públicas responsables por volúmenes arriba de los $15 millones de dólares anuales.

Fundador de Mindset and Skills Academy y del curso insignia para vendedores SellingThroughService™ .

Actual entrenador, conferencista en ventas, escritor y emprendedor digital.

Averigua más en:

www.crisurzua.com .

www.mindsetandskills.com

www.sellingthroughservice.com

GLOSARIO.

Camisas Hawaianas: Termino referente a los vendedores mediocres y poco éticos.

Traje Hecho a la Medida: Termino referente a los vendedores exitosos, éticos, con gran orientación al servicio, al agregar valor y atención a los detalles.

Mindset: Mentalidad, perspectiva de vida.

Pitch: Oferta, referente a las palabras o el escrito que uno sigue durante la preparación para una presentación de ventas.

Realidad Base: Referente a la realidad independiente a la voluntad del ser humano. Los bloques más básicos de nuestras existencia: respirar, comer, dormir, etc.

Realidad Capital: Referente a la realidad dependiente a la voluntad del ser humano. Son nuestras aspiraciones consumistas, capitalistas y de autorrealización.

RECAP: Sección de cada capitulo donde se resumen los puntos más importantes.

ACCIÓN: Sección de ejercicios obligatorios en cada capitulo del libro.

GOODIES: Regalos, referente a la sección de los capítulos donde se otorga un regalo.

Todos Venden.

Escapa De La Mediocridad, Cierra Todas Tus Ventas y Vive Una Vida Épica.

Escrito por Cris Urzua.

www.crisurzua.com

www.mindsetandskills.com

www.sellingthroughservice.com

#TodosVenden

www.ingramcontent.com/pod-product-compliance
Lightning Source LLC
Chambersburg PA
CBHW070856180526
45168CB00005B/1848